ロボットを通して探る子どもの心

ディベロップメンタル・サイバネティクスの挑戦

板倉昭二／北崎充晃
［編著］

ミネルヴァ書房

目　次

序　章　子どもとロボット
　　　　——ディベロップメンタル・サイバネティクス
　　　………………………………………………………板倉昭二… 1
　　1　ディベロップメンタル・サイバネティクス…… 2
　　2　子どもの発達とロボット…… 4
　　3　本書の構成…… 6
　　4　新しい仮説——期待値効果仮説…… 7

I　身体の理論

第 1 章　乳児の身体運動知覚の発達……片山伸子・北崎充晃… 13
　　1　乳児の視力と顔に対する選好…… 13
　　2　乳児の身体知覚…… 15
　　3　乳児の人とロボットの身体知識に関する検討…… 21
　　4　おわりに——乳児の身体運動知覚の発達…… 31

第 2 章　「身体を見ること」の意味と仕組み………北崎充晃… 35
　　1　人の身体の基礎知識…… 35
　　2　逆さま顔と逆さま身体…… 41
　　3　できる姿勢とできない姿勢…… 45
　　4　自分の身体から，ひとの身体を見る…… 53
　　5　おわりに——新しい身体を手に入れる…… 58

II　心の理論

第3章　乳児はどのように他者の心を見出していくのか
　　　　　　　　　　　　　　　　　　　　　　守田知代・片山伸子…63
1　動きから心の存在を感じる……64
2　他者の行為を見て心を感じる……69
3　他者の視線を見て心を感じる……73
4　他者の顔を見て心を感じる……79
5　おわりに——目に見えない心へのアプローチ……83

第4章　幼児はどのように他者の心の理解を深めていくのか
　　　　　　　　　　　　　　　　　　　　　　片山伸子・守田知代…89
1　子どもの心の理解の発達——他者の意図に気づく……90
2　見られること・見えの違いを理解する……92
3　他者の欲求と信念に気づく……96
4　ロボットに感じる「心」……103
5　おわりに——子どもが感じる心の世界……111

III　コミュニケーションの理論

第5章　3歳児はなぜ他者の行動をそのまままねてしまうのか
　　　——社会的感染……………………………………森口佑介…119
1　子どもの心の柔軟性……119
2　社会的感染……122
3　ロボットの行動は感染するか……126
4　社会的感染はなぜおこるのか……131

目　次

第6章　子どもはどのようにロボットをコミュニケーション
　　　　の相手と見なすようになるのか……… 大神田麻子… 137
　　1　コミュニケーションを期待している乳児…… 138
　　2　乳児と物のコミュニケーション…… 146
　　3　子どもとロボットのコミュニケーション…… 152
　　4　おわりに——これからのコミュニケーション研究…… 157

第7章　子どもたちとロボットの関わりあい——近未来への展望
　　　　………………………………………………… 神田崇行… 163
　　1　ロボットは子どもの役に立てるのか？
　　　　——英語を話すロボット…… 163
　　2　ロボットは子どもたちと長期的に関わりあえるか？…… 168
　　3　おわりに——探索的な工学研究の向かう先は？…… 174

第8章　生物と無生物の間に入り込むロボット？
　　　　——子どもはロボットをどう認識しているのか
　　　　………………………………………………… 中尾　央… 177
　　1　幼児たちのロボット理解——外見からの判断…… 179
　　2　コミュニケーション可能な存在としてのロボット…… 180
　　3　おわりに——心を持った無生物としてのロボット？…… 186

あとがき
索　引

序　章
子どもとロボット
――ディベロップメンタル・サイバネティクス――

板倉昭二

　子どもを取り巻く環境は，日々刻々と変わっている。インフォメーション・テクノロジー（IT）や人工物の著しい発達もその一例であろう。このような環境の変化は，子どもにどのような影響を及ぼすのであろうか。近年のロボットブームもわれわれにそうしたことを考えさせる。少し前には，ペットロボットが異常な勢いで売れ，そして現在は，お掃除ロボットが人気なのだそうである。さて，本書のタイトルにあるディベロップメンタル・サイバネティクスには，2つの大きな意味が含まれている。一つは，そうしたロボットを用い，ロボットの外見や振る舞いのパラメータを操作する実験を構成論的におこなうことによって，子どもが他者に心を見つけていくプロセスとメカニズムを特定することである。これは，発達科学への貢献であろう。もう一つは，近年のロボット工学の発展に伴い，ロボットという存在がかなり身近になってきたということである。ペットロボットもブームになったし，二足歩行ロボットは，私たちを大いに感動させた。また，いたるところでロボットの展示会がおこなわれ，老若男女で賑わっていると聞く。近未来には，さまざまなタイプのロボットが日常的に存在するようになるかもしれない。今はやりのユビキタスである。そうしたことを考えると，ロボットは，冷蔵庫や食器洗い機のように，今後ますます私たちの生活に入り込んで来るであろうことは想像に難くない。もっと夢物語のようなことを言うと，ロボットは，たんに家事をこなす単純な存在だけでなく，子育てや教育に関わるような存在，すなわちそれ自体とコミュニケーションを取らなければならないような存在になるかもしれない。それがいいことか悪いことか，筆者にはまだ判断がつかないが，否が応でも子どもたちはそう

した環境にさらされていくし，ある側面では，すでにそのような社会になっている。こうした社会において，子どもたちはどのように人以外のエージェントを認識するのか，子どもたちにとってより良いロボットを製作するにはどのようなことが必要なのか，といったことはきわめて重要な課題となる。これは，ロボットを製作する側への貢献となるだろう。すなわち，子どもの発達を理解することと，ロボットを製作することの双方向において，新しい知見が得られるに違いない。ロボットが日常的に生活の中に存在するような時代が本当に来る前に，子どもたちのために確認しなければならないことがたくさんある。科学は未来を見据えて遂行されなければならない。ディベロップメンタル・サイバネティクスは，そんな新しい学問領域になるはずである。

1　ディベロップメンタル・サイバネティクス

（1）ディベロップメンタル・サイバネティクスとは？

「サイバネティクス」という言葉にはあまり馴染みのない方も多いと思う。ちなみに，広辞苑（第六版）では，「(「舵手」の意のギリシャ語に由来）通信・自動制御などの工学的問題から，統計力学，神経系統や脳の生理作用までを統一的に処理する理論の体系。1947年頃アメリカの数学者ウィーナーの提唱に始まる学問分野。」と定義されている。筆者の考える「ディベロップメンタル・サイバネティクス」の定義は，「子どもと人以外のエージェント（たとえば，コミュニケーション可能な機械，あるいはヒューマノイドロボットやアンドロイドロボットといった各種ロボット）のインタラクションや統合に関する研究」である（Itakura, Ishida, Kanda, Shimada, Ishiguro, & Lee, 2008）。図0－1に基本的なスキーマを示した。

人以外のエージェント（エージェントとは，ここでは，行為の主体者のことをいう。したがって，それは人である必要はなく，またロボットである必要もない。自律的・自己推進的に動き回る幾何学図形でも良いのである。第3章参照のこと）が存在し，それに何らかの要素が加わり，社会的なエージェント（あるいは社

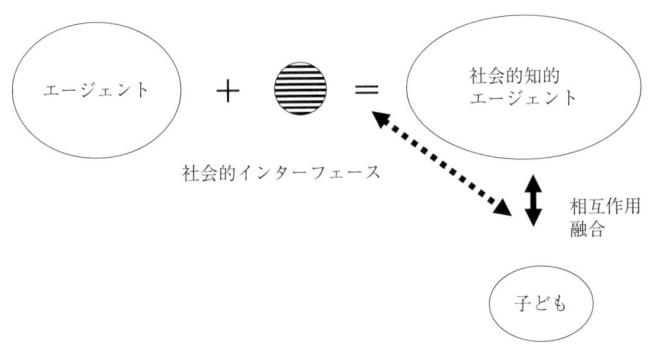

図0-1　ディベロップメンタル・サイバネティクスのスキーマ

会的であると判断されるエージェント）になる。その何らかの要素をここでは社会的インターフェースと呼ぶことにする。筆者らの実験の例でいうと，第4章4節（1）で紹介されている行為再現課題におけるロボットの視線がそれにあたる。すなわち，パートナーとアイコンタクトを取るというきわめて微細な社会的行動が，乳児とロボットの社会性のチャンネルを開き，乳児の模倣を誘発するのである。このモデルでは，社会的エージェントが，子どもとインタラクションしたり融合したりして，そのフィードバックにより，エージェント自身も子ども自身も，そしてさらに社会的インターフェース自体も変化することを想定している。このように変化を遂げながら，新しい社会に適応していく子どもを想定している。

（2）　何を研究対象とするのか

　ディベロップメンタル・サイバネティクスでは，次のような項目を研究テーマとする（図0-2参照）。すなわち，「心の理論」「身体の理論」「コミュニケーションの理論」の3つの柱を核として研究が進められる。心の理論は，広義には他者の心的状態を推測することである。これは，プレマックとウッドラフの「心の理論」の提唱以来，さまざまな領域を巻き込んで一大研究領域となった（Premack & Woodruff, 1978）。もし，心の理論というものが私たちに想定

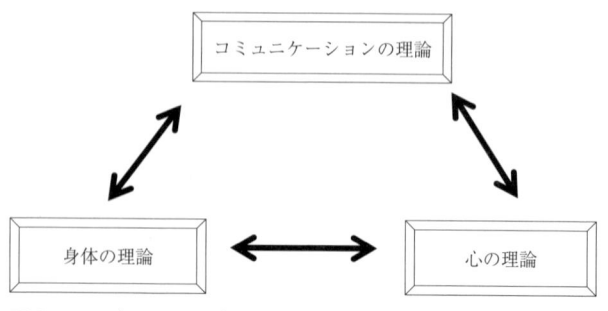

図0-2　ディベロップメンタル・サイバネティクスの研究対象

されるのなら，身体の理論があってもおかしくない．身体の理論は，自己の身体および他者の身体の構造や動きの理解のことである．人の身体のスキーマや動きについて，子どもたちはどのような理解を示すのだろうか．身体が持っている動きの制約はいつごろから理解されるのだろうか．

最後のコミュニケーションの理論は，エージェントを社会的パートナーとして理解することである．発達初期には，それが社会的随伴性の知覚や2者間における動作や発声によるやりとり（turn taking）などに発現される．しかしながら，これら3つは，お互いに独立しているわけではなく，ダイナミックな関係を保ちながら機能するものであると考える．

ディベロップメンタル・サイバネティクスは，心，身体，コミュニケーションを総合的に，エージェントとの関係性を主眼に据えて研究する学問領域だと考えている．

2　子どもの発達とロボット

子どもの発達とロボット工学のコラボレーションは，近年とくに盛んになっているように思われる．浅田らは，認知発達ロボティクスを提唱し，人の発達をロボットの中に実現しようと試みている．そして，そのロボットは，人の子どものように，養育者とのインタラクションにより，さまざまな行動を獲得す

序　章　子どもとロボット

ることが想定されている（浅田，2004）。浅田は，認知発達ロボティクスを，次のように定義している。「認知発達ロボティクスとは，従来，設計者が明示的にロボットの行動を規定してきたことに対し，環境との相互作用からロボットが自ら行動を学習し，それらを発達させていく過程に内包される抽象化，シンボル化を実現するためのロボット設計論である。」（浅田，2004，p. 4）つまり，従来からの認知ロボティクスの焦点は，自立エージェントが環境との相互作用を通して，世界をどのように表現し行動を獲得していくかといった，ロボットの認知発達過程にある。とくに，環境因子としての他のエージェントの行動が自分の行動をどのように規定していくかということに焦点を当てる。すなわち，環境との相互作用をベースに，時間的発展に焦点を当て，環境の設計問題をおもに扱う研究分野が認知発達ロボティクスということである（浅田，2004，p. 4）。こうした理論的枠組みから，浅田らは，母子間相互作用モデルに基づくロボットによる音声模倣など，素晴らしい成果を積み重ねている（Yoshikawa, Koga, Hosoda, & Asada, 2003）。

　ここで，認知発達ロボティクスとディベロップメンタル・サイバネティクスの差別化をしておく。認知発達ロボティクスでは，あくまでも，ロボットを製作することに主眼が置かれるが，これに対し，ディベロップメンタル・サイバネティクスでは，そうして，製作されたロボットを含む，さまざまなエージェントとの相互作用やエージェント自体に対する子どもの理解を検討するものである。したがって，先に定義したエージェントをどのように理解するのか，またどのような条件下で，それを社会的エージェントと見なすのか，といったことがおもな研究対象となる。

　子どもの発達とロボットに関する研究グループは，日本だけに留まらない。海外でも，最近こうした関連領域で，発達関係の学術雑誌や神経科学関係の雑誌に特集が組まれたりしている。また，大きな規模ではないが，International Conference on Development and Learning や Epigenetics Robotics といった国際学会も開催されている。さらに，発達関係の大きな学会でも，ロボット研究と発達研究の融合による特別シンポジウムが開催されたりしている。こうし

た流れは今後ますます大きなうねりとなっていくことは間違いないと思われる。

3　本書の構成

　本書は，ディベロップメンタル・サイバネティクスの枠組みに則り，大きく3つのパートに分かれる。I．身体の理論，II．心の理論，III．コミュニケーションの理論に相当する部分である。そして，それぞれについて，先行研究のレビューを交えながら，われわれのオリジナルの研究を紹介する。まずは，I．身体の理論である。第1章では，身体の構造や動きに対する乳児の理解について論じる。乳児は，比較的早い時期に人の身体運動に関する知識を持っていると思われるが，そうした知識は，いつごろどのように獲得するのだろうか。ロボットに対しても同様に知識を適用するのだろうか。バイオロジカルモーションを用いた研究や，我々のオリジナルの研究を紹介しながら，本テーマに迫る。第2章では，身体を見ることの意味とその仕組みについて論じる。我々が日常的に見ている自分の身体や他者の身体を見るということの意味や役割について考え，そうした役割を担っている身体認知の仕組みを論考する。さらに，それが社会性やコミュニケーションにどのように繋がっていくのかまで論を展開する。

　II．からは心の理論である。まず，第3章は，乳児が他者に心を見出していく過程やメカニズムについて論じる。我々は，日常生活で他者を心のある存在として認識し，その心を推し量りながら生活している。こうしたことを「メンタライジング」という。乳児は，いつから他者の心の存在に気づき，他者の心を推し量るようになるのだろうか。本章では，乳児を対象にして，幾何学図形を用いた巧妙な実験等を紹介し，乳児のメンタライジングに迫る。第4章は，第3章から引き続いて，幼児はどのように他者の心の理解を深めていくのかを論じる。2，3歳児から6歳児を対象に行われた研究を紹介し，メンタライジングの発達について検討する。2，3歳児は，あのメルツォフ（Meltzoff, A.）をして，その実験の遂行の困難さから，「ダークエイジ」と呼ばしめた存在で

ある。こうしたダークエイジにある子どもに対しても，工夫された手法で実験が可能になった。また，この時期に出現し始める，意図の理解や心の理論の課題を直接的にロボットに応用した実験も紹介する。

Ⅲ．からは，コミュニケーションの理論に関する章である。第5章では，幼児の社会的感染について論じる。社会的感染とは，子どもが他者の行動を観察すると，その行動をすべきではない状況でも，観察した行動を産出することである。換言すると，他者の行動に追従する傾向のことと言える。このようなユニークな現象が，ロボットを観察対象モデルとした場合にも生起するか否かを巡って議論がなされる。第6章では，子どもはどのような条件を備えたエージェントを，コミュニケーションの対象として見なすのかを検討する。人のやり取りのベースを随伴性に置き，子どもと人のコミュニケーション，子どもと人以外のコミュニケーション，そして，言語を介した子どものコミュニケーションの特徴を，ロボットを用いた研究を通じて紹介する。第7章では，子どもたちとロボットの関わりを，小学校にロボットを導入した研究をもとに紹介する。筆者らの意図は，子どもに飽きられないロボット作りにある。この章では，子どものロボットに対する関心や興味の変容を長期に渡って観察した結果を紹介する。いわば，ロボットと子どもの関係の近未来的な実験であるといえるかもしれない。

第8章では，哲学の立場から，「生物とは何か」という根本的な問いに立ち返り，子どもの視点から見たロボットの位置づけについて論じる。そして，ロボットは，生物と無生物の間に置かれる存在ではないかとの提案を行う。つまり，ロボットは心を持っている無生物というわけである。さらに，そのことを踏まえて，生物か無生物かという判断と心を持っているかという判断には異なるメカニズムが存在するのではないかと考察する。

4　新しい仮説──期待値効果仮説

本章の最後に，エージェントに対するメンタライジングに関する筆者の仮説

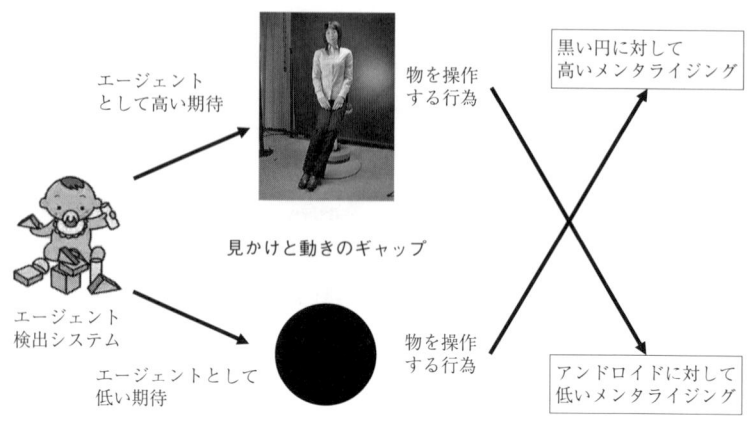

図0-3　エージェントの知覚における期待値効果仮説

を一つ提唱しておこう。我々は，ときとして，人以外のエージェント，たとえばたんなる幾何学図形に対して，過剰にメンタライジングすることがある。図0-3にそれを説明するための仮説のスキーマを示した。

　まず，乳児が2つの対応のエージェントを見たとしよう。乳児は，大変優秀なエージェント検出者であることは知られている。図0-3のように，アンドロイドを見たときには，乳児はその見かけの完璧さゆえに，高いエージェント性を期待してしまう。これに対して，動き回る黒い円に対しては，それほど高いエージェント性は期待しないであろう。ところが，アンドロイドが，いったん動き出す，特に物体を操作するような行為を示した場合，乳児は，その見かけと動きの大きなギャップがあるがゆえに，メンタライジングの予期は期待したよりもずっと小さくなってしまう。つまり，見かけと動きのギャップが，メンタライジングの際に負の方向に作用するのである。一方，単なる黒い円が，ものを操作するような動きを示した場合，乳児はやはり，そのギャップゆえに，強いメンタライジングを黒い円に適用してしまう。アンドロイドの場合とは，逆に，そのギャップが正の方向に作用すると考えられる。もちろんこれはまだ非常に粗い仮説にすぎないが，この仮説を精緻化するような，さらなる実証的な研究が必要だと思われる（第5章4節（1）も参照）。

〈文　献〉

浅田稔（2004）．認知発達ロボティクスによる赤ちゃん学の試み　ベビーサイエンス，4，2-24．

Itakura, S., Ishida, H., Kanda, T., Shimada, Y., Ishiguro, H., & Lee, K. (2008). How to build an intentional android: Infants' imitation of a robot's goal-directed actions. *Infancy,* 13, 519-532.

Premack, D., & Woodruff, G. (1978). Does the chimpanzee have a theory of mind? *The Behavioral and Brain Science,* 1, 515-526.

Yoshikawa, Y., Koga, J., Hosoda, K., & Asada, M. (2003). Primary vowel imitation between agents with different articulation parameters by parrotry like teaching. In *Proceedings of IEEE/RSJ International Conference on Intelligent Robots and Systems.*

I　身体の理論

第1章
乳児の身体運動知覚の発達

片山伸子・北崎充晃

　私たちは，人が腰をそらして頭が足につくような動きを見せると驚く。しかし同じような動きをたとえば人型のロボット（ヒューマノイドロボット）が行ったとしても驚かないであろう。私たちは人の身体運動に関する知識を持ち，その知識を人に対して適用するために驚く。では，人は人の身体の動きについての知識を，どのようにしていつごろから知るのであろうか？　本章では，乳児の人の身体運動知覚の発達を取り上げる。

　本章では，まず人の身体の中でもとくに乳児に好まれ，また研究も多い顔知覚について述べる。その後，人の身体運動知覚の発達について，バイオロジカルモーションを用いた研究を中心に取り上げる。最後に，私たちのグループが行った人と人型ロボットを用いた実験を取り上げ，ロボットとの比較から乳児がどのように人の身体運動の制約を理解していくのかについて論じる。

1　乳児の視力と顔に対する選好

（1）　乳児の視力の発達

　乳児期の知覚の基礎的な発達過程については，近年多くの研究が行われている。乳児は言語報告ができないため，乳児の視力を測定する方法の一つとして，白黒の縞模様を使い，縞模様をさまざまに変化させていくやり方がある。縞の幅を変化させてより細かくしていくと最後には混じりあって灰色に見える。一様な灰色のパタンと縞のパタンを対にして乳児の前に呈示し，縞の細かさを変化させて乳児の注視時間の違いから2つの区別が可能かどうかを調べる。つま

り区別できる限界の縞の細かさを調べるのである。この2つの画像を用いて注視時間を調べる実験方法は選好注視法（preferential looking method）と呼ばれ，乳児実験で頻繁に使用される。また，視力測定の方法として，白黒の縞の細かさだけではなく白黒自体をそれぞれ少しずつ灰色に変化させていくやり方がある。つまり縞模様のコントラストを少なくし，灰色に近づけていくのである。ここでも選好注視法を使って一様の灰色のパタンとコントラストを変化させた縞模様のパタンを対呈示し，注視時間を調べる方法がとられる。このような方法を用いた研究からは生後6ヶ月ごろには成人と同様の傾向が表れ，視覚の発達において一定の完成が見られることが明らかになっている（アトキンソン, 2005; 山口・金沢, 2008）。

(2) 乳児の顔に対する選好

乳児は人の顔や顔を思いださせる模式的な図を好む傾向がある。乳児における顔への好み（選好）を調べた研究でおそらくもっとも有名なものは，ファンツ（Fantz, 1961）の実験であろう。多くの発達心理学の教科書にも引用されるこの実験は，顔，同心円，新聞記事などの図形（いずれも円形になっている）を刺激に用い，選好注視法の手法を利用して検討したものである。6ヶ月児は顔を模した図形を選好する（注視時間が他の図形と比較して長い）ことを示した。この実験以降多くの研究が乳児の顔や顔様の図形への選好を報告している（山口・金沢, 2008）。

しかしながら乳児は顔のような形の刺激ならなんでも好むわけではない。ファローニら（Farroni, Johnson, Menon, Zulian, Faraguna, & Csibra, 2005）は，生後7日程度までの新生児を対象に行った実験から，顔刺激への好みは日常見られるような適切な陰影を持つ刺激において表れることを示した。また，大塚ら（Otuka, Konishi, Kanazawa, Yamaguchi, Abdi, & O'Toole, 2009）は，3，4ヶ月の乳児では動きを加えると顔の学習が促進されることを確かめた。乳児の顔刺激への選好は，生態学的に妥当な状況，顔に見なれた陰影があったり動きがあるなどの場合により発揮されるようである。

(3) 自閉症児（者）の顔知覚

　定型発達の乳児にとっては，顔や顔のような図形は特別な注意を引き起こすが，自閉症児（者）では，顔認知において定型発達児とは異なるパタンが見られる。ペルフェリーら（Pelphrey, Sasson, Reznick, Gregory, Goldman, & Piven, 2002）は，さまざまな表情の顔を見るときの視線の違いを自閉症者と一般成人で比較した結果，自閉症者では目や鼻，口といった顔の特徴的な部分を見ない傾向があると報告している。千住ら（Senju, Kikuchi, Hasegawa, Tojo, & Osanai, 2008）では，自閉症児群と定型発達児群を対象に顔写真から視線の向きを検出させる課題を行った。通常，顔を判断する場合，倒立効果といわれる，顔を上下に反転して呈示するとその人物同定や表情の把握が困難になるという現象が知られている（第2章の図2-10参照）。実験では，顔写真を倒立させて呈示すると定型発達児群では倒立効果が見られたが自閉症児群は倒立効果が見られなかった。倒立効果は，顔を認知する際の全体的なパタンに対する注目と関連しているといわれている。よって自閉症児群がこの倒立効果を示さないことは，自閉症児群は定型発達児のように顔を顔全体のパタンの中で捉えていないためだと考えられた。

2　乳児の身体知覚

　前節で取り上げたように，多くの研究が顔の知覚の特殊性や早期からの顔知覚の重要性を示唆している。一方で，人間の身体の形やその動きの知覚に対する発達的な検討は顔研究と比べて多くはない。

　身体の知覚は顔とどう異なるのだろうか？　スローターら（Slaughter, Stone, & Reed, 2004）は，顔と身体は他の物体と比較して特異な特徴を持っていると指摘している。第一に，顔も身体も，人であれば目や鼻，あるいは手や足などの同じ部分から成り立っているということ，第二に，身体も顔も社会的な情報を伝えることである。しかし，顔と身体では異なった面もある。顔は止まっていても感情や性別といった情報を伝えるが，身体においては多くの情報

は動いたときに得られる。たとえば男女の違いは体格もあるがその歩き方によりはっきり表れるし，腕を大きく速く振り続ける姿は緊急事態を思わせる。

(1) バイオロジカルモーションを刺激に用いた人の身体運動知覚に関する検討

身体知覚の研究で使われる刺激は，動きを伴う刺激と伴わない刺激にわけられる。身体の動きを伴った題材が用いられる場合，映像やアニメーションなどの動画の他，バイオロジカルモーション（Biological Motion: BM）とよばれる動画が用いられることがある（Johansson, 1973）。身体の関節部位に10-20個程度の光点を配置し，運動すると，その光点の運動のみから身体動作やその意味までもが知覚される（図1-1）。

歩行や踊りなどがどの方向からでもありありと知覚され，ときには演技者の性別や気分までも推定できる。ただし，止まっている状態ではほとんど知覚できず，身体知覚において運動の情報がとても大切だとわかる。また，上下逆さまにすると知覚しにくくなる。これは，顔における倒立効果（本章1節の(3)参照）と類似した現象であり，人の身体について頭が上で脚が下という方位の情報に基づいて脳内に表現され，処理されている可能性を示唆する。

バイオロジカルモーション（BM）を用いた乳児の身体知覚の発達を検討したものとして，まずフォックスとマクダニエル（Fox & McDaniel, 1982）の研究があげられる。彼らは，2，4，6ヶ月児を対象に選好注視法を用いてBM（走っている人の動き）に対する選好を調べた。4，6ヶ月児においてはBMに対する注視時間は有意に高く，4ヶ月ごろにはBMの理解が行われていると考えられた。バーテンサールら（Bertenthal, Proffitt, & Cutting, 1984）の研究では，3ヶ月と5ヶ月の乳児を対象に，馴化法を用いてBMの理解に関する検討を行っている。馴化法（habituation method）とは，選好注視法と同じく乳児の実験ではよく使われる実験方法である。ある一つの刺激を繰り返し見せると，乳児は最初はその刺激を長く見るが次第に注視時間が減っていく（この最初に見せる刺激を馴化刺激という）。ある一定基準まで注視時間が減った時点で新しい刺激（テスト刺激）を見せる。そのときに注視時間が回復すれば，

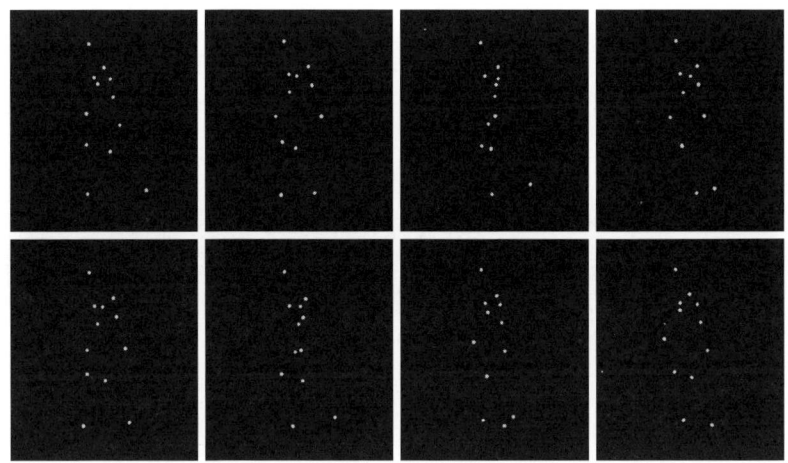

図1-1　人のバイオロジカルモーション
（注）人の関節につけた点の時系列画像。

乳児は2つの刺激が区別できていると判断する方法である。

　用意された刺激は，左から右へ歩くBM（動画）と画面の中央に呈示される歩くBMの静止画であり，それぞれ正立（図1-2のA）と倒立（図1-2のB）の刺激が用意された。動画条件，静止画条件が設定され，正立刺激が馴化刺激の群は倒立刺激がテスト刺激，倒立刺激が馴化刺激の群は正立刺激がテスト刺激となった（実験Ⅰ）。

　結果は，動画条件のときには注視時間の回復が3ヶ月児でも5ヶ月児でも見られた。実験Ⅱでは，個々の光の点の動き方は同じだが位置を変化させたスクランブルBMを作った（図1-2のC）。スクランブルBM（正立・倒立）に加え，実験Ⅰで用いた歩く人のBM動画，静止画（正立，倒立）を用いて，5ヶ月児を対象に実験が行われた。基本的な手続きは実験Ⅰと同様であった。

　実験Ⅱでも，注視時間の回復が見られたのは動画条件であった。ただし，人のBMが刺激として使われた群では注視時間の回復が起こったのに対して，動きがあってもスクランブルBMとスクランブル倒立BMでは，注視時間の回復は有意に起こらなかった。この結果から，乳児は個々の点の動きに注目し

Ⅰ 身体の理論

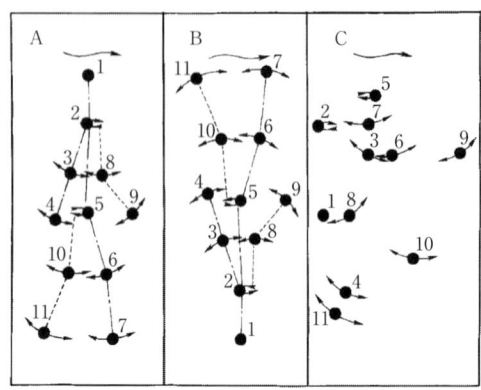

図1-2 実験で使われたバイオロジカルモーション刺激

（注） Aは人の歩行の正立図。Bは人の歩行の倒立図。
　　　Cは光点の動きはそのままで位置を変化させた図。
（出所） Bertenthal et al., 1984

ているのではなく，全体の動きの統一性に注目しているのだと結論づけられた。

　バーテンサールら（Bertenthal, Proffitt, Spencer, & Thomas, 1985）の実験では，人の動きの中の遮蔽に注目して検討を行った。たとえば手を前後に振って歩いている姿を横から見ると，動かしている腕の一方は胴体によって一時的に隠れてしまう。こうした遮蔽がBMでは見られるが，この遮蔽を正しく理解することができれば，人の身体を三次元のものと認識していることになるだろう。実際に，成人を対象にした実験では，遮蔽をなくしたBMの刺激は人の動きであると判定しづらいという傾向がある。実験には5ヶ月，7.5ヶ月，9ヶ月の乳児が参加した。実験Ⅰでは歩く人BMとスクランブルBMそれぞれに，遮蔽がある動画とない動画が用意された。先のバーテンサールらの実験と同様に，馴化法を用いて実験が行われた。結果は，9ヶ月児で人BMが提示されたときにだけ遮蔽のありなしによって注視時間の回復が変化し，遮蔽のある条件で顕著な注視時間の回復が見られた。人BMでは，遮蔽のある動きとない動きを区別できていたと考えられる。また，適切な遮蔽（動かしている腕の光点が胴体とみなされる場所を通り過ぎるときになくなり，再び見えるような動

画)とそうでない遮蔽のBMを設定し，9ヶ月児を対象に馴化法で実験を行った。実験にはそれぞれ倒立の刺激も用意された。結果は，適切な遮蔽の正立のBMが刺激として呈示されたときに注視時間の回復が起こり，倒立刺激や適切でない遮蔽のBMでは注視時間の回復は起こらなかった。この実験結果から人の身体の三次元性の理解は9ヶ月ごろに成立するのではないかと考えられている。

　ブースら (Booth, Pinto, & Bertenthal, 2002) では，人の動きの対称性に注目して検討を行った。人は走るときと歩くときでは動きの速さは異なるが，四肢の動きには同じような対称性がある。3ヶ月児と5ヶ月児が実験に参加し，実験Ⅰでは歩くBMと走るBMの区別が馴化法を用いて検討された。この結果，3ヶ月児では2つのBMは区別できたが，5ヶ月児ではできなかった。実験Ⅱでは，実験Ⅰで用いられた歩くBMと動きの時間的な同期をずらした走るBMを用意し，2つの刺激の区別を検討した。結果は，3ヶ月児でも5ヶ月児でも注視時間の回復が見られた。2つの実験結果から，5ヶ月児では，身体全体のレベルでBMを認識しているため，実験Ⅱで動きがずらされる（つまり対称性が壊される）と区別ができるが，ずらされていない（実験Ⅰ）と区別が難しくなる。3ヶ月児では，個々の光点の速さや位置を手がかりとしているために実験Ⅰでは区別がついたのだと考えられた。

　バーテンサールらの一連の研究から，乳児のBM知覚は3ヶ月ごろからはじまるがそれはまだ個々の点に注目したものであり，5ヶ月ごろに統合された人の身体としてのBMの認知が成立すると考えられる。身体の三次元性といったより洗練された人の身体知覚は，9ヶ月ごろになって成立するのだと考えられる。

(2) 脳活動を指標にした検討

　近年，脳波などの脳活動を指標にした乳児の発達研究がさかんになってきた。脳波を測定するためには，狭い空間に被験者を入れることが必要であったり，身体の動きによるノイズを減らすために身体の動きを制約することが必要であ

った。そのため自由に動いてしまう乳児では脳波の測定は難しいとされていた。しかし，新しい測定機器が登場したことで，乳児に負担の少ない方法で脳活動を測定することが可能になってきた。BMを題材に，刺激呈示時の脳波の違いを調べた研究も最近になって行われている。

平井と開（Hirai & Hiraki, 2005）では，8ヶ月児を対象にBMを見ているときの脳波の違いを分析している。7人の8ヶ月児が参加し，BMとバラバラの動き（スクランブルモーション：SM）を観察した脳波測定の結果からは，右半球における陰性電位がBMのとき，SMと比べて大きくなっており，さらにこの結果は成人と同じ傾向があった。

レイドら（Reid, Hoehl, Landt, & Striano, 2008）は，BMを刺激として用い，乳児の脳波の分析を行った。刺激として用いられたのは，①足を動かしてキックする人のBMと，②人の形は保っているが動きが適切でないBM（人として不可能な動きをする），③人の形らしくないが，動きは生物として可能な範囲にあるBMの3種類であった。8ヶ月児に刺激を見せたときの脳活動の違いが部位別に調べられた。その結果，BMの動きの知覚に関連する部位と，形態に関わる部位の活動は異なることがわかった。さらに人の形態知覚と人らしい運動知覚の処理は異なるが，8ヶ月ごろには形態と動きの両側面から人の身体運動が知覚できていると考えられた。

（3） 自閉症児（者）の身体運動知覚

顔刺激において自閉症児（者）は定型発達児と異なる傾向がある（1節（3）参照）。身体運動においてはどのような傾向があるのだろうか？

ブレイクら（Blake, Turner, Smoski, Pozdol, & Stone, 2003）は自閉症児と定型発達児を対象に，BMを判断させる（人の動きのBMとスクランブルのBMを呈示し，「人かそうでないか」を判断させる）課題を行っている。比較条件としてモニター上に映されたさまざまな線分の中から円のような形をしたターゲットを探し出す課題が用意された。線分からターゲットを探す課題では，両群の差は見られなかったにもかかわらず，BMの課題では自閉症児群の成績は悪

く，身体運動知覚において定型発達児と自閉症児には違いがあることが推測された。

また，クリンとジョーンズ（Klin & Jones, 2008）では，15ヶ月の自閉症児を対象に，身体運動知覚の違いを調べている。「いないいないばー」など子どもと遊ぶ動作をしている大人のBMの正立刺激と倒立刺激を用意し，選好注視法を用いて検討を行った。対象となった15ヶ月の自閉症児と言語発達レベルが同等な9ヶ月の定型発達児，15ヶ月の定型発達児2名にも同じ条件で実験を行い，合わせて3名の注視時間を比較した。2名の定型発達児では正立刺激に対して強い選好が見られたのに対して，自閉症児ではそのような選好は見られなかった。自閉症児が例外的に長く見た正立刺激があったが，その刺激を調べると，光点がぶつかる動き（手をたたいている）と刺激から出る音が一致するという特徴を持っていた。したがって，この刺激を自閉症児が長く見た理由は，たんに光点の動きと音が物理的に一致するためだと考えられた。

自閉症児（者）における身体運動知覚の研究は，顔と比較すればやはり少ないが，自閉症児は顔と同様に身体においても発達の初期から知覚が異なっている可能性が示唆される。

3　乳児の人とロボットの身体知識に関する検討

ここまで紹介した研究から，乳児は人の形や動きに対してかなりの知識を持っていることがわかる。本節では私たちのグループが行った人とロボットを用いた身体運動知覚の研究を紹介する。

ロボットは人のように生体力学的な制約はなく，さまざまな形や動きを行うことが可能である。ロボットと人刺激の比較から，人の身体認知について乳児が持つ知識を明らかにできると考え，実験を行った。

（1）　選好注視法を用いた身体知覚の発達の検討──スローターらの実験

私たちの実験では，アニメーションを使い，人らしい動きとそうでない動き

I 身体の理論

図1-3 スローターらの実験で使われた人の身体刺激
(注) 上段が適切な配置,下段はスクランブルの配置。
(出所) Slaughter et al., 2002

の2種類の動きを用意して実験を行った。参考にしたのは,スローターとヘロン(Slaughter, Heron, & Sim, 2002)が行った,選好注視法を使った乳児の身体知覚の実験であった。彼らの実験では動きのない静止画を用いて,身体の左右対称性についての知識が検討されている。

　彼らの実験では12ヶ月児,15ヶ月児,18ヶ月児各24名の乳児が参加し,適切な身体図とスクランブルされた身体配置図(図1-3)を2枚一組にして呈示し,選好注視法を用いて注視時間を調べた。この実験では,身体図の他に適切な配置とスクランブルの配置の顔が用意された。こちらも適切配置,スクランブルされた配置の2枚一組の組み合わせで呈示し,どちらを長く見るか調べられた。顔刺激では12ヶ月児と15ヶ月児は適切な配置の顔を長く見る傾向があったが,18ヶ月児では明確な差はなかった。反対に身体図では,18ヶ月児群のみがスクランブルされた身体配置図を長く見る傾向があった。この実験結果は,18ヶ月になると身体の知識を持ちそれに違反するスクランブルな配置図形を新奇な刺激と考え長く注視したのだと解釈された。顔刺激は,より低月齢で選好

が出現しているが，この理由として，元々人が持つ顔刺激に対する選好，さらに，人は身体よりも顔をあわせて相互交渉を行うため，乳児は身体を見る機会が少なくなることをあげている。また，この実験の刺激に動きを伴わせると，より月齢の低い9ヶ月児，12ヶ月児でも選好を示すことをクリスティとスローター（Christie & Slaughter, 2010）は報告している。

（2）ロボットを用いた乳児の身体運動知覚の検討

スローターらの研究では，乳児は典型的な身体の形態をいつごろから理解できるのかについて調べられた。今回私たちは身体の動きに注目し，身体パーツの配置はそのままに，動きのみを非典型的なものに変えた刺激を用いて実験を行った（Komori, Katayama, Kitazaki, & Itakura, 2006）。

刺激として用意されたのは人とロボットの2種類の動作主，そして，動作として，肘と膝の動きが人として可能なものであるか（可能動作），そうでないか（不可能動作）の2種類が用意された。人は成人男性のプロポーションをしており，顔には目や口といったパーツがあり，ズボンとシャツを着用している。ロボット刺激は人と同じ動きを行うため人のような頭部を持ち，胴体や手足が人と同じように配置されている。しかし，目や口など顔を思わせるパーツは除外されている。人が行う可能動作，不可能動作，ロボットが行う可能動作，不可能動作という合計4種類の動画が用意された（図1-4，図1-5）。

実験では12ヶ月児，15ヶ月児，18ヶ月児各15名の乳児が参加した。刺激として人の動画を呈示するヒト条件，ロボットの動画を呈示するロボット条件の2つが設定され，被験児はその両方の条件に参加した。実験は人の不可能動作と可能動作，ロボットの不可能動作と可能動作というように2枚の刺激を一つの画面の左右におき，同時に呈示する選好注視法を用いて行われた。刺激の呈示は条件ごとに8試行，1試行の時間は15秒だった。動画を見ている乳児の顔をビデオにとり，視線を調べてどちらを見ているのかを判断した。

実験の結果を図1-6と1-7に示す。注視時間全体をヒト条件とロボット条件で比較すると，ロボット条件で有意に長い結果が得られた。乳児は人動画よ

I 身体の理論

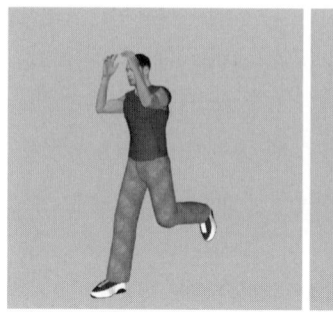

図1-4 選好注視実験の刺激(人)
(注) 左が可能動作・右が不可能動作。

図1-5 選好注視実験の刺激(ロボット)
(注) 左が可能動作・右が不可能動作。

りもロボット動画を長く見る傾向があるようだ。

　可能動作，不可能動作，どちらの動作を長く見ていたかを調べると，ヒト条件ではもっとも小さい月齢（12ヶ月児）で可能な動作を長く見る傾向があり，その他の月齢では動作間の差はなかった。スローターらの結果から考えて，18ヶ月児で不可能動作の方を長く見るのではないかと考えたが，そのような結果は得られなかった。クリスティらの実験結果から動きを加えた人刺激では9ヶ月児でも注視時間に差が出ている。今回の刺激も動きが加えられているため，より低月齢児で差が出現したと考えられる。

　ロボット条件では，12ヶ月児と15ヶ月児で可能動作を長く見る傾向が見られ

第1章 乳児の身体運動知覚の発達

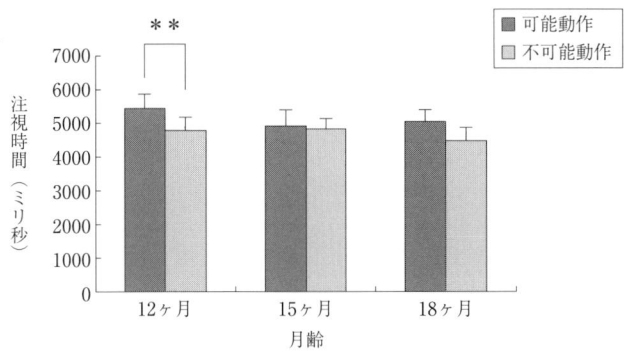

図1-7 月齢別に見た平均注視時間の変化（ヒト条件）
（注）アスタリスクは有意な差を示す（*，p＜0.05；**，p＜0.01）。

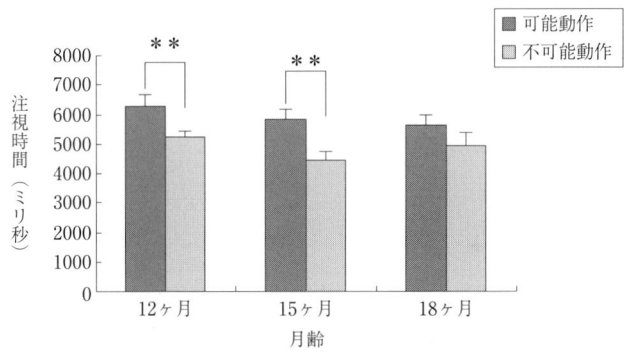

図1-7 月齢別に見た平均注視時間の変化（ロボット条件）
（注）アスタリスクは有意な差を示す（*，p＜0.05；**，p＜0.01）。

た。今回使われたロボットの刺激は乳児にとってそれほど身近なものではないが，形は人と同じである。平井と開（Hirai & Hiraki, 2007）では，成人を対象に人型のロボットと人の歩行映像を見ているときの脳活動を測定したところ，後側頭葉領域においては有意な差が見られない結果になった。ペルフェリーら（Pelphery, Mitchel, McKeown, Goldstein, Allison, & McCarthy, 2003）は，アニメーションをつかって人，ロボット（球で頭を，円柱で人の身体を表し，人らしい動きをする），メカニカル（ロボットと同じパーツでできているが配置が異なっている），時計の振り子の動きという4種類の動きを作成し，成人を対象にそ

25

れぞれの映像を見ているときの脳活動を測定したところ、ロボットと人では似た傾向が認められた。これらの結果から考えて人と同じような動きをする今回のロボット刺激に対しては、人もロボットも区別せず、人と同じ動作を好む傾向が見られたと考えられる。

18ヶ月児は、ヒト条件でもロボット条件でも注視時間に差が見られなかった。この月齢になるとすでに乳児は自分で動き回ることも可能であり、人の身体運動の知識を十分に持っていると考えられる。この実験で示されるような人の可能動作・不可能動作の区別はすでについており、彼らの興味が動作の違いとは異なるものに移ってしまった可能性もある。

(3) 12ヶ月未満児における身体運動知覚の検討

12ヶ月児から18ヶ月児を対象にした実験の結果から、12ヶ月児ですでに人の身体運動に関する基本的な知識を習得していると考えられる。そこで、さらに年少の乳児を対象に同様の実験を行い、注視時間の差を検討した。対象としたのは5ヶ月、9ヶ月の乳児各15名である。先ほどの実験と同様に、選好注視法の手続きを用いて実験を行った。

平均注視時間を図1-8と1-9に示す。可能動作と不可能動作の注視時間の差を検討すると、ヒト条件ではどちらの年齢も有意な差は見られなかった。しかしながら、ロボット条件では、5ヶ月児、9ヶ月児とも可能動作の注視時間が有意に長かった。

(4) 選好注視法を用いて検討した乳児の身体運動知覚の発達

5ヶ月児から18ヶ月児までの実験をまとめると、ヒト条件では、12ヶ月児のみ可能動作を長く見る傾向があり、ロボット条件では、一番年長の18ヶ月児を除いて、一貫して可能動作を好む傾向が見られた。この結果から、ヒト条件では、12ヶ月ごろに選好が表れ、その後消えていくことが明らかになった。12-18ヶ月のヒト条件とロボット条件の注視時間を比較するとロボット条件の方が長いこと、18ヶ月になるとヒト条件、ロボット条件ともに可能動作・不可能動

第1章　乳児の身体運動知覚の発達

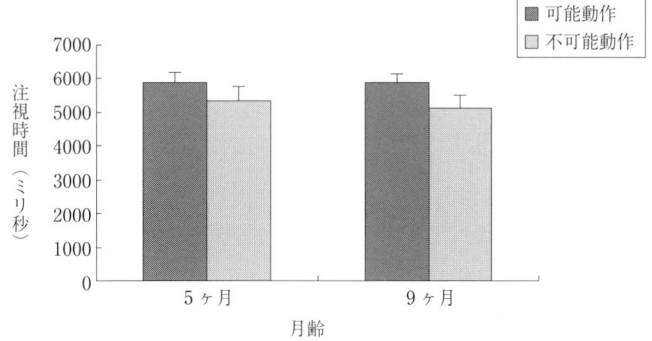

図1-8　5ヶ月と9ヶ月の平均注視時間（ヒト条件）

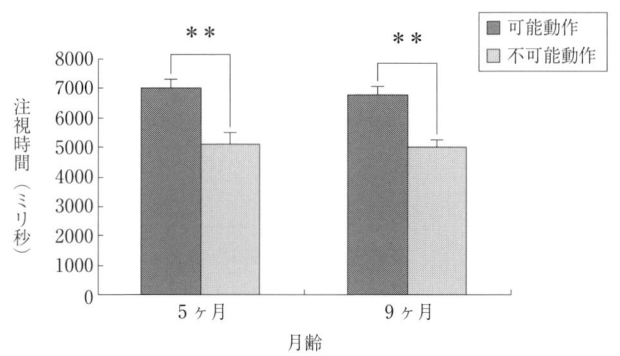

図1-9　5ヶ月と9ヶ月の平均注視時間（ロボット条件）
（注）アスタリスクは有意な差を示す（*, $p<0.05$；**, $p<0.01$）。

作の注視時間に差がないことから，人という見慣れた刺激に対しては，12ヶ月ごろに身体の運動知識を利用して区別がつけられるようになるが，その後，徐々に人刺激に対する興味自体が薄れていくと考えられる。ロボット条件は，ロボットという見慣れない新奇な刺激であることから，興味の減衰は起こらなかったのだと考えられる。

どちらの動作をより長く見るのかに関しては，ヒト条件，ロボット条件とも，可能動作を好むことも明らかになった。とくにロボット条件に対しては5-15ヶ月児において一貫して注視時間に差が見られ，可能動作を長く見る傾向があ

る。実藤ら（Sanefuji, Ohgami, & Hashiya, 2008）は歩ける乳児（平均12ヶ月）とまだハイハイのみができる乳児（平均8ヶ月）を対象に，ハイハイ動作のPLD（Point Light Display：バイオロジカルモーションのような人の動きが光点で示された動画刺激）と歩く人のPLDのどちらを好むか検討した。その結果，歩ける乳児は歩くPLDを，ハイハイの乳児はハイハイ動作のPLDを長く見ていた。この結果からは，乳児は自分の動きに近い映像を好むことが推測され，今回の実験における可能動作の選好も，乳児自身が可能な身体運動に近い運動を選んだ結果かもしれない。

（5） アイトラッカーを用いて検討した**身体運動知覚の発達**

　選好注視法で得られる注視時間の変化だけでは，画像のどこに注目したかは正確にはわからない。乳児が画像の不可能な動きをしている関節部分に注目して判断を行っていることが明らかになれば，身体運動の制約を理解して判断を行っていると考えられる。乳児が画像のどこを注視しているかを明らかにするために，目の動きをとらえるアイトラッカーを使った実験を行った（守田・片山・北崎・板倉，2010）。

　実験には成人，5ヶ月，9ヶ月，12ヶ月の乳児が参加した。図1-4と1-5のヒト刺激，ロボット刺激の上半身のみを使用し，刺激映像を作成した（使用した刺激は図1-10に示されている）。映像を今回は1枚ずつ10秒程度見せた（画面を見ている時間が10秒になるよう画像を見せる時間は調整された）。画像を顔部分，腕部分，胴部分，その他の4領域に分け，どの部分に視線が入ったかを調べ，各領域別の注視時間を算出し比較した。乳児においてはむずかりなどの理由から分析対象から除外した者もおり，各年齢群13名のデータを分析対象とした。

　ヒト条件において，5ヶ月児は不可能動作を見るときも可能動作を見るときも注視時間の割合に違いはなく顔をもっとも長く注視し，次いで腕領域を見ている。しかし，9ヶ月児，12ヶ月児，成人では，不可能動作のときに腕部分への注視時間割合が有意に多くなる。ロボット条件でも，5ヶ月児は動作による

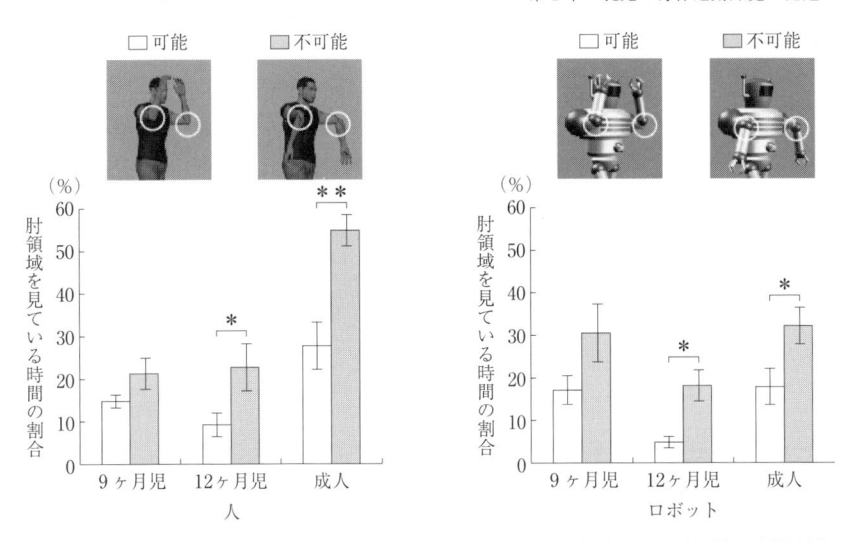

図 1-10　アイトラッカー実験で使われた上半身の刺激と月齢別に見た肘領域の注視割合
(注) 刺激丸部分に視線が入った場合に肘領域を見たと判断した。アスタリスクは有意な差を表す (*, p＜0.05；**, p＜0.01)。
(出所) Morita et al., 2012

違いはないが，9ヶ月児，12ヶ月児，成人では不可能動作のときに腕部分を長く見る傾向があった。

　この結果からは，5ヶ月児はまだ人の身体運動に関する知識は乏しいと考えられる。選好注視実験の結果からは，ロボット条件では可能動作を長く見るという結果が得られているが，アイトラッカー実験の結果から考えると，選好注視法で得られた結果は知識を持った上で行っているとはいえないようである。バーテンサールら（Bertenthal et al., 1984）の実験でも，5ヶ月児は人BMとスクランブルBMを区別できることが示されているが，遮蔽を伴った人BMの理解実験（Bertenthal et al., 1985）からは3次元の身体運動として人BMをとらえていないことが示されている。私たちの実験においても5ヶ月児は可能動作と不可能動作を2枚呈示されれば，その違いを区別できている。しかしそれはたんに動きの違いをとらえているだけであり，身体運動の知識を用いた区別ではないと考えられる。

I 身体の理論

　9ヶ月児と12ヶ月児，成人の肘領域の視線を分析した結果を図1-10に示す（Morita, Slaughter, Katayama, Kitazaki, Kakigi, & Itakura, 2012）。全体の注視時間の中で肘部分にどれだけの時間視線が入っていたかを，注視時間全体に占める割合で示したものである。守田ら（2010）の分析において腕領域とは，上腕から指先までを含む領域であった。腕領域を上腕から指先に設定すると肘から先は動いているので，関節の役割に気づくというより動き方の違い（可能動作なら身体の前方で動き，不可能動作なら身体の後ろに動く）から判断してしまう可能性がある。今回は，図1-10に示されたようにさらに肘関節部分に興味領域を設定し，そこに視線が向けられた時間を算出した。この領域に限定することで，関節運動の制約に対する理解が検討できると考えられた。

　ヒト条件では，9ヶ月児では可能動作と不可能動作の間で肘領域を見る割合に差が見られないが，12ヶ月児と成人では，不可能動作のときに肘領域を見る割合が可能動作のときと比較して有意に大きい。とくに成人では不可能動作を見ている時間の60％程度は肘を見ていることになる。ロボット条件では，同じように9ヶ月児では可能動作と不可能動作の間に差は見られないが，12ヶ月児と成人では不可能動作のときに肘領域を長く見ていた。この結果から，12ヶ月ごろには人の身体運動に関する知識，関節運動の制約が理解されてくると考えられる。選好注視実験の結果もヒト条件において12ヶ月児のみ可能動作を長く見ており，12ヶ月ごろの理解を示唆している。しかしながら，クリスティら（Christie & Slaughter, 2010）（3節（1）参照）やバーテンサールら（Bertenthal et al., 1984）（2節（1）参照），レイドら（Reid et al., 2008）（2節（2）参照）の先行研究では8，9ヶ月ごろから身体運動の理解が可能であることが示されている。また，守田らの分析で示されたように，肘より広く腕全体を興味領域ととると，9ヶ月児でも不可能動作のときにより長く腕を注目していることが明らかになっている。図1-10の分析において，9ヶ月児は有意レベルには至らなかったものの，不可能動作の肘を長く見る傾向が見られることを考えると，これらの時期の違いは実験刺激や実験方法等の違いが影響していると考えられ，今後の検討が望まれるが，おそらく9ヶ月から12ヶ月ごろに身体運

動の理解が発達していくといえそうである。

　また，このアイトラッカー実験からは，顔領域を見ている時間にも発達的な変化があることがわかった。守田ら（2010）の分析では，ヒト条件のとき顔に対する注視時間に月齢の影響は見られなかったが，ロボット条件では月齢による違いが見られたのである。5ヶ月児ではロボットの顔領域に対する注視時間の割合はその他の領域よりも有意に低かったのに対し，9ヶ月児，12ヶ月児，成人では，注視時間の割合がその他の領域よりも有意に高かった。個人ごとの視線の動きを確認すると，12ヶ月児ではロボットの顔の上部に位置する四角い領域（人の目領域に相当する領域）を見ていることがわかった。12ヶ月ごろは，人と同じように動くロボットに対しては，人と同じように顔部分，中でも目に視線を向けて情報を収集しようとしているのかもしれない。

4　おわりに──乳児の身体運動知覚の発達

　多くの研究から，乳児は生まれたときから人に興味を持ち，顔や身体の形の特徴，動き方に着目することが示されている。乳児にとって人は特別な存在であり特別に注意を引くからこそ，人同士の社会的な関わりがスタートするのだといえる。本章で紹介した研究からは乳児は人の顔だけではなく，身体においても早期から生体学的な制約を理解し身体運動をとらえていることがわかる。またその理解は大体9ヶ月から12ヶ月ごろに成立すると考えられる。人と同じような動きをするロボットに対しては人らしい動きをする方を好んで見ており，人型で人と同じように動くモノ（ヒューマノイドロボット）に対しては，人の身体運動の知識を適用している可能性が示された。

　今後の研究課題として，BMを用いた検討では刺激をより社会的な動きにするという方向性が考えられる。BMや身体の動きの実験では，画面上を歩いたり，走ったりする刺激が多く使われている。その中でヨーンとジョンソン（Yoon & Johnson, 2009）は，動く人が立ち止まって正面を向き，左右どちらかに顔を向けるBM刺激を使った実験を行っている。12ヶ月児にこの刺激を

見せ，BM刺激が顔を向けた方を注目するかどうかが調べられた。BMの刺激は，映像に顔はなくもちろん目もないので視線を捉えることはできない。頭は通常のBMのように1点の光点でのみ示されている。実験の結果，乳児はBMの動きにあわせて左右どちらかに視線を振り分けており，身体動作だけでも乳児の社会的な反応は引きだされるようだ。日常生活においては，乳児に対して人は，意味を持った働きかけを行う。動作に何らかの意味を持たせたBMを使った検討は，生態学的にも妥当だと考えられるし，乳児における人の身体運動知覚の役割を考える上でも重要であろう。

次に，ロボットの動作や形を変化させて検討を行ってみることである。今回，私たちの実験で使ったロボットは人のような手足と頭部を持つヒューマノイドロボットであった。人間の動作とロボットの動作を同じものにして対比させるために，人型のロボット映像を使用したが，本来，ロボットはさまざまな形をとることが可能である。動作は人間らしいが，外見がまったく人間らしくないロボットなど，見せる刺激を異なるものにして検討することも考えられるだろう。

〈文 献〉

アトキンソン，J. 金沢創・山口真美（監訳）(2005). 視覚脳が生まれる 乳児の視覚と脳科学 北大路書房 (Atkinson, J. (2000). *The developing visual brain.* Oxford: Oxford University Press.)

Bertenthal, B. I., Proffitt, D. R., & Cutting, J. E. (1984). Infant sensitivity to figural coherence in biomechanical motions. *Journal of Experimental Child Psychology,* 37, 213-230.

Bertenthal, B. I., Proffitt, D. R., Spencer, N. B., & Thomas, M. A. (1985). The development of sensitivity to biological motion. *Child Development,* 56, 531-543.

Blake, R., Turner, L. M., Smoski, M. J., Pozdol, S. M., & Stone, W. L. (2003). Visual recognition of biological motion is impaired in children with autism. *Psychological Science,* 14, 151-157.

Booth, A. E., Pinto, J., & Bertenthal, B. I. (2002). Perception of the symmetrical patterning of human gait by infants. *Developmental Psychology*, **38**, 554–563.

Christie, T., & Slaughter, V. (2010). Movement contributes to infants' recognition of human form. *Cognition*, **114**, 329–337.

Fantz, R. L. (1961). The origin of form perception. *Scientific American*, **204**, 66–72.

Farroni, T., Johnson, M. H., Menon, E., Zulian, L., Faraguna, D., & Csibra, G. (2005). Newborns' preference for face-relevant stimuli: Effect of contrast polarity. *Proceedings of National Academy of Science*, **102**, 17245–17250.

Fox, R., & McDaniel, C. (1982). The Perception of biological motion by human infants. *Science*, **218**, 486–487.

Hirai, M., & Hiraki, K. (2005). An event-related potential study of biological motion perception in human infants. *Cognitive Brain Research*, **22**, 301–304.

Hirai, M., & Hiraki, K. (2007). Differential neural response to humans vs robot: An event-related potential study. *Brain Research*, **1165**, 105–115.

Johansson, G. (1973). Visual perception of biological motion and a model for its analysis. *Perception & Psychophysics*, **14**, 201–211.

Klin, A., & Jones, W. (2008). Altered face scanning and impaired recognition of biological motion in a 15-month-old infant with autism. *Developmental Science*, **11**, 40–46.

Komori, N., Katayama, J., Kitazaki, M., & Itakura, S. (2006). Preference of human movements in infancy: Comparison between possible and impossible movements. *15th Biennial International Conference on Infant Studies*, 259–260.

守田知代・片山伸子・北崎充晃・板倉昭二 (2010). 眼球運動からみたヒト及びロボットの身体運動認知の発達 日本ロボット学会誌, **28**, 95–101.

Morita, T., Slaughter, V., Katayama, N., Kitazaki, M., Kakigi, R., & Itakura, S. (2012). Infant and adult perceptions of possible and impossible body movements: An eye-tracking study. *Journal of Experimental Child Psychology*, **113**, 401–414.

Otuka, Y., Konishi, Y., Kanazawa, S., Yamaguchi, M. K., Abdi, H., & O'Toole, A.

J. (2009). Recognition of moving and static face by young infants. *Child Development*, **80**, 1259-1271.

Pelphery, K. A., Mitchel, T. V., McKeown, M. J., Goldstein, J., Allison, T., & McCarthy, G. (2003). Brain activity evoked by the perception of human walking: Controlling for meaningful coherent motion. *The Journal of Neuroscience*, **23**, 6819-6825.

Pelphrey, K. A., Sasson, N. J., Reznick, J. S., Gregory, P., Goldman, B. D., & Piven, J. (2002). Visual scanning of faces in autism. *Journal of Autism and Developmental Disorders*, **32**, 249-261.

Reid, V. M., Hoehl, S., Landt, J., & Striano, T. (2008). Human infants dissociate structural and dynamic information in biological motion: Evidence from neural systems. *Social Cognitive and Affective Neuroscience*, **3**, 161-167.

Sanefuji, W., Ohgami, H., & Hashiya, K. (2008). Detection of the relevant type of locomotion in infancy: Crawlers versus walkers. *Infant Behavior and Development*, **31**, 624-628.

Senju, A., Kikuchi, Y., Hasegawa, T., Tojo, Y., & Osanai, H. (2008). Is anyone looking at me? Direct gaze detection in children with and without autism. *Brain and Cognition*, **67**, 127-139.

Slaughter, V., Heron, M., & Sim, S. (2002). Developmental preferences for the human body shape in infancy. *Cognition*, **85**, B71-81.

Slaughter, V., Stone, E. V., & Reed, C. (2004). Perception of face and bodies: Similar or different? *Current Direction of Psychological Science*, **13**, 219-223.

山口真美・金沢創 (2008). 赤ちゃんの視覚と心の発達 東京大学出版会

Yoon, J. M. D., & Johnson, S. C. (2009). Biological motion displays elicit social behavior in 12-month-olds. *Child Development*, **80**, 1069-1075.

第 2 章
「身体を見ること」の意味と仕組み

北崎充晃

　私たちにとって身体はとても身近である。一人一つの身体を持っているし，毎日たくさんの人の身体を見て触れて，生活している。この章では，自分のそして他人の身体を見ることにどういう意味や役割があるのか，それは椅子や車のような他の物体を見ることとどう違うのかを考える。そして，その役割を担っている身体認知の仕組みについても考察する。この章を通じて，身体とは何かを考え，身体を見ることが私たちの認知全体にどういう意味を持ち，社会性やコミュニケーションにどのように繋がっていくのかを考えよう。

1　人の身体の基礎知識

(1)　人身体の基礎データ

　最初に，私たちの身体の基礎知識について考えてみよう。現在まで記録がある中で，世界で一番背が高い人は，アメリカ合衆国のロバート・パーシング・ワドロー（Robert Pershing Wadlow）であり，死の直前で約272 cm であったという。存命の最高身長者は，240-260 cm 程度である。一方，もっとも背が低い成人は，インドのグル・ムハマド（Gul Mohammed）とされており，約57 cm である。これを聞くと，自分の身長と比較して，すごく大きい，あるいはすごく小さいと驚愕するだろう。一方，人類全体の成人平均身長は160 cm 程度とされており，平均的には女性の方が男性より低い。つまり，世界一背の高い人でも平均的な人の倍はなく，せいぜい1.7倍，世界一背の低い人は約1/3ということになる（図2-1）。正確なデータはないが，おそらく，世界中のほ

I　身体の理論

図 2-1　最高，平均，最低身長の人の模式図
（出所）　上田俊哉提供

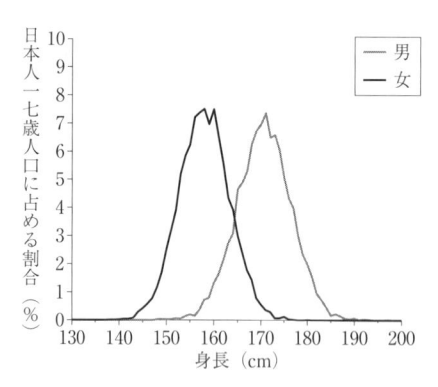

図 2-2　日本人17歳の身長分布
（出所）　平成23年度文部科学省学校保健統計調査

とんどの成人の身長は，140 cm から190 cm の間に収まるだろう（図 2-2）。ヨーロッパの古い建物を訪ねると，扉の大きさに驚くことがある。高さ 5 m 以上の扉もある。私は，ときに冗談で「昔の人は今の 3 倍位の身長があったのだ」と言うことがあるが，もちろんそういう事実はない。長い年月の間に私たちの身長や体格はある程度変化してきているだろうが，全体に 2 倍や 1/2 になったという事実はない。

　また，私たちは，頭部，胴体，両腕，両脚を有しており，ほぼ同じ様式で接続されている。かの有名なレオナルド・ダ・ヴィンチ（Leonardo da Vinci）の「ウィトルウィウス的人体図（Vitruvian Man）」（図 2-3）は，人体の理想的なプロポーション（人体比率）を描いたものとして知られているが，同時に人の一般的な，あるいは平均的なプロポーションを示しているとも言える。そし

第2章 「身体を見ること」の意味と仕組み

て，私たち自身のプロポーションもこれから2倍や1/2も離れていることはほとんどない。

したがって，ゆるやかな意味では，私たち人の身体の外見は，それほど違わないと言えるだろう。このことは，私たちが他者を知覚し，また自分を知覚するときに身体の一般的な形状や姿勢が重要な役割を果たしていることの源泉になっていると考えられる。

（2）身体の成長

まず成人の身体サイズについて見てみたが，次に，身体の成長について考えよう。成人の平均身長は約160 cmだが，新生児はせいぜい50 cm程度である。性差および個人差が大きいが16-18歳まで身長は伸び続ける（図2-4）。とくに，11-14歳までは年間に平均5-7 cmも身長が高くなり，男性では年10 cmを超える時期がある。ただし，図2-4は多くの人の平均データとなっており，各個人の大幅な成長の時期は平均化によって

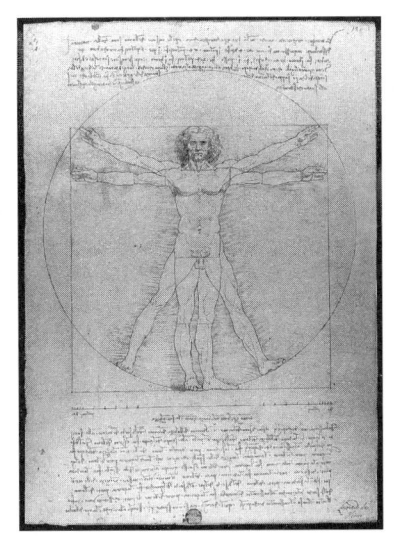

図2-3 「ウィトルウィウス的人体図（Vitruvian Man）」，レオナルド・ダ・ヴィンチ（Leonardo da Vinci）

（出所）Photograph by Luc Viatour/www.Lucnix.be

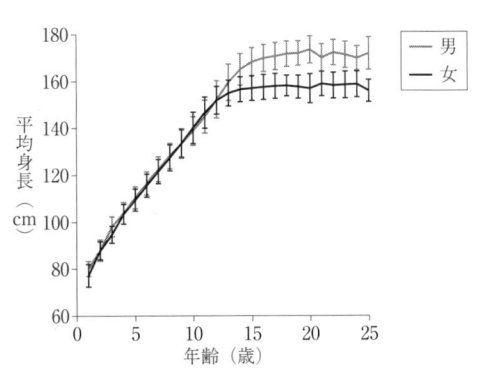

図2-4 年齢による身長の変化

（出所）5-17歳データは平成23年度文部科学省学校保健統計調査より，4歳以下及び18歳以上は平成22年度厚生労働省国民健康・栄養調査より

37

I 身体の理論

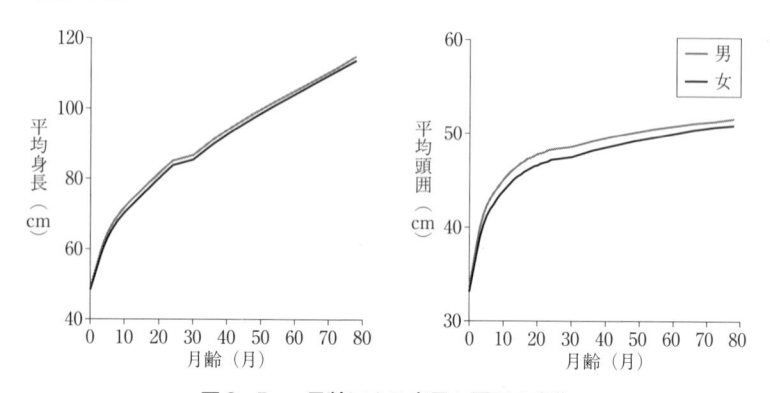

図2-5a 月齢による身長と頭囲の変化
(出所) 平成22年度厚生労働省乳幼児身体発育調査

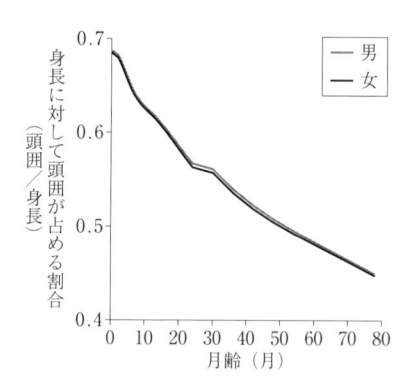

図2-5b 月齢による身長と頭囲の比率の変化
(出所) 平成22年度厚生労働省乳幼児身体発育調査

見られなくなっている。つまり，各個人は11-14歳の異なる時期に成長幅のピークを迎える。しかし，私たちの身体の各部が等しく大きくなっていくわけではない。たとえば，胴体の成長は，四肢の成長よりも早く，プロポーションが変わっていく。メルクマニュアル18版によれば，(頭頂から恥骨までの長さ)／(恥骨から踵までの長さ) は，出生時で1.7，生後12ヶ月で1.5，5歳で1.2，7歳以降で1.0とされる。また，頭部はさらに早く成長する。1歳で成人の75%

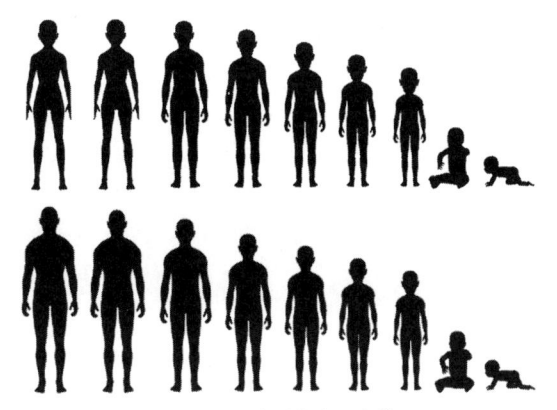

図2-6 身体比率の変化
(注) 上は女，下は男，右から0，2，5，7，9，11，13，15，17歳に相当。
(出所) 塚田泰明提供

になり，3歳で80％，7歳までで90％になる（図2-5）。つまり，数ヶ月から1歳くらいの赤ちゃんは胴体に対して手足が短く，頭が大きく，成長するにつれて，手足が相対的に長くなり，頭部は相対的に低い比率となる（図2-6）。このような身体各部のプロポーションから私たちは，「子どもらしさ」や「大人っぽさ」を感じる。

(3) かわいさの知覚要因

近年，「かわいい」という概念が社会的・国際的に流行しているが，かわいさの定義や源泉についてはよくわかっていない。一つの説に，赤ちゃんに似ているものを私たちは攻撃せず，守ろうとする傾向があり，それがかわいさの源泉になっているというものがある。すでに1943年に，有名な動物行動学者のコンラート・ローレンツ（Konrad Z. Lorenz）は，ベビースキーマ（baby schema）という概念を提案し，乳幼児の特徴である「大きな頭部，丸い顔輪郭，大きな目」は，成人にかわいいと知覚させ，攻撃行動を抑制し，養育行動を促進すると主張している（Lorenz, 1943，図2-7）。その理由は進化心理学的に説明されており，弱い乳幼児を守ろうとする生得的傾向がその種の存続確率を上

I 身体の理論

4ヶ月齢	子ども	成人
Photograph by Mehregan Javanmard (GFDL CC BY-SA)	Photograph by Thomas Schoch (GFDL CC BY-SA)	伊藤博文 (1841-1909)

図2-7 顔の変化

げるからだとされる。実際に，赤ちゃんの写真を操作して，よりベビースキーマに合っている顔刺激（丸い顔輪郭，広い額）と合っていない顔刺激（細長い顔輪郭，狭い額）を用意し，大学生に見せたところ，ベビースキーマに合った顔の赤ちゃんをよりかわいいと判断し，世話をしたいと判断したという研究報告がある（Glocker, Langleben, Ruparel, Loughead, Gur, & Sachser, 2009, 図2-8）。

これを広く適用すると，私たちが日常で感じるかわいさの多くは，赤ちゃんらしさや子どもらしさに源泉があるように思える。日本発であり，今や世界中で人気のあるかわいいキャラクターであるキティちゃん（株式会社サンリオ，シリーズ名ハロー キティ，主人公キティ・ホワイト）は，まさにベビースキーマの特徴を備えている。胴体に比して大きな頭に，広い額。目は大きくはないが，まん丸である。キティちゃんに限らず，かわいいとされるキャラクターの多くが同様の特徴を備えている。アニメーションにおいて，動物やロボット，そして擬人化された建物や物体が登場するとき，愛するべき対象（味方や善者）はベビースキーマに沿った外見をしていることが多く，憎い対象（敵や悪者）は逆の特徴を備えていることも少なくない。時代によってめまぐるしく変わるファッションや化粧も，ベビースキーマに類似した影響を受ける。手足が

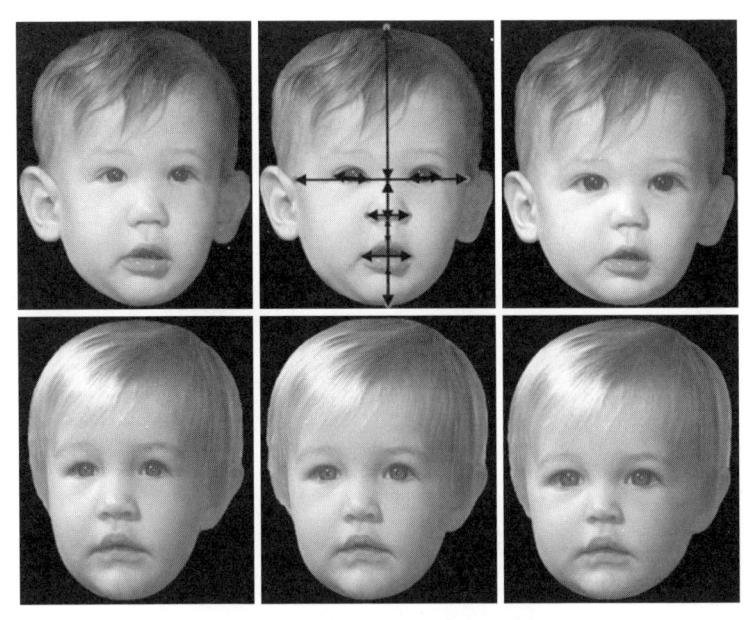

図 2-8　ベビースキーマ実験の刺激
（注）　左端はベビースキーマから乖離しており，右端はベビースキーマに合致している。右の顔の方がかわいいと判断される。
（出所）　Glocker et al., 2009, Figure 1

長く見え，頭が小さく見えるファッションは，かっこよさや大人らしさを誘発する。一方，頭が大きく丸く見え，手足の先（掌や靴部分）が大きく見えるファッションはかわいさや子どもらしさを誘発する。

　このように身体の外見は，人らしさを知覚させ，その成長段階と年齢を知覚させ，さらにはかわいさなどの情動的反応を引き出す。その意味で，たんなる「形」以上の意味を持つ。

2　逆さま顔と逆さま身体

（1）　顔知覚と逆さま顔

　「心霊写真はなぜ見えるのですか？　幽霊はいますか？」という質問が地方

Ⅰ　身体の理論

図 2-9　顔に見える刺激
（出所）　Hadjikhani et al., 2009, Figure 1

のコミュニティ FM の番組（私の所属する大学の研究を紹介するコーナー）に寄せられた。私の答えは，「心霊写真は，私たちの脳が創り出している。幽霊（という認識）も，私たちの脳が創り出した知覚に基づいて発生したのかもしれない」というものだ。人は，顔をとても特殊な対象として，専用の処理を行っている可能性がある。fMRI（機能的磁気共鳴画像法）という装置（認知処理を行っているときの脳活動を血流の変化から画像化・視覚化できる）を用いた研究では，顔を知覚するときに特異的に活動が生じる脳の領野「紡錘状回顔領域（FFA: Fusiform Face Area)」が報告されている（Kanwisher, McDermott, & Chun, 1997）。そして，この領域は，実際には本当の人の顔ではなくても顔の線画（まんが）や猫の顔などが提示された場合にも活動する（Tong, Nakayama, Moscovitch, Weinrib, & Kanwisher, 2000）。また，脳の神経の電気的活動を反映する MEG（脳磁計）や脳波による記録では，顔に対して特異的な活動として N170 が知られている。これは，顔の提示から約170ミリ秒（1ミリ秒は，1/1000秒）後に見られる陰性の電位変化である。この活動が実際の顔刺激では

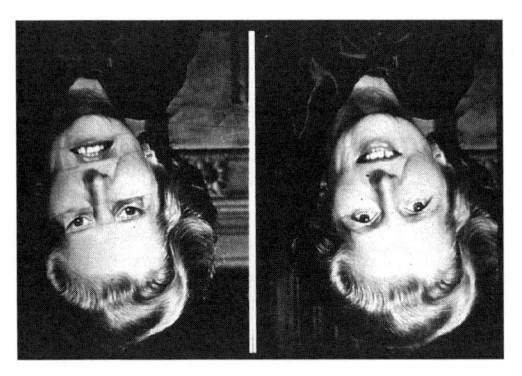

第2章 「身体を見ること」の意味と仕組み

図2-10 サッチャー錯視（Peter Thompson）
(出所) Thompson, 1980

なく，顔に見える全然違う物体を観察する際にも生じることが報告されている（Hadjikhani, Kveraga, Naik, & Loughead, 2009, 図2-9）。したがって，写真のにじみや壁のシミの視覚情報が偶然顔の空間パタンに似ているとき，脳の顔処理と同様な活動が生じて，顔と認知されることは十分に考えられる。それが幽霊や心霊写真として信じられているのではないだろうか。多くの場合，2つの目と口に相当する要素があれば，顔に知覚される。顔文字と呼ばれるものは，まさにこの現象を利用したものである。

顔認知の特殊性を代表するものとして，「顔倒立効果（face inversion effect）」が知られている。もっとも有名なのは，イギリスの研究者ピーター・トンプソン（Peter Thompson）によるサッチャー錯視（Thatcher illusion）である（Thompson, 1980）。当時のイギリス首相のマーガレット・サッチャー（Margaret Hilda Thatcher）の顔写真と名前を用い，イギリスの知覚専門学術誌に "Margaret Thatcher: A new illusion." というタイトルで発表されたこの錯視は，イギリス風のジョークも含んでいると見るのがいいだろう。当時，保守的で強硬な態度から鉄の女との異名を取ったサッチャー氏の顔は，ややたれ目であり非常に優しい笑顔をしている（図2-10右）。その左の写真は，少し違和感を感じる。これは，目と口が本来の顔に対して上下逆さまになっている（図2-10左）。そして，両方の顔写真そのものが上下逆さまになっている。こ

の本を回転させて逆さまにしてみて欲しい。ちょうど顔が正立するように。すするとどうだろうか，目と口を逆さまにした顔の方はとても恐ろしく，怒っているような顔に見える。逆さまのときには気づかなかった目と口の強い変化に驚くだろう。このように，顔を逆さまにすると歪みや変化に気づきにくく，また認識（顔の同定や記憶）も難しくなることを顔倒立効果と言う。

顔倒立効果は，人の顔のみではなく，職業的に接触の多い特殊な対象に対しても生じることが報告されている。たとえば，車の営業マンは自動車の倒立効果が生じ，羊飼いは羊について倒立効果が生じる。つまり，顔の特殊性は，人にとって顔が身近であり，もっとも多く目にし，顔を認識し，表情を理解することが生存にとって重要なことによるのではないかと言われている。

（2） 身体知覚と逆さま身体

身体についても，顔と同じことがある程度言える。顔の下にある身体は，誰にとっても親近性の高いものであり，他の物体とは異なり特別な処理をされていると考えられる。実際に，身体を見るときに特異的に活動する皮質の部位として下側頭溝身体領野（EBA: Extrastriate Body Area）が報告されている（Peelen & Downing, 2005）。

光点からの身体バイオロジカルモーションの知覚（第1章2節（1）参照）も，上下逆さまにすると知覚しにくくなる。これは，顔倒立効果と類似した現象であり，やはり人の身体についても頭が上で脚が下という方位の情報に基づいて脳内に表現され，処理されている可能性を示唆する。

では，私たちは，人以外の動物の身体や動作を知覚できるのだろうか。実際には，いくつかの状況では，動物の動作を知覚するのはかなり難しいことが知られている。馬や犬が歩いたり，走ったりするときに4つの足がどのように繰り出され，関節が曲がるのかを正確に記述できる人は，専門家でなければけっして多くない。とくに，関節に配置した光点からのバイオロジカルモーション知覚に関しては，初期には動物の運動も知覚できるという報告もあるが，詳細な動作や動物の種類の区別などは困難である（図2-11）。その理由として，顔

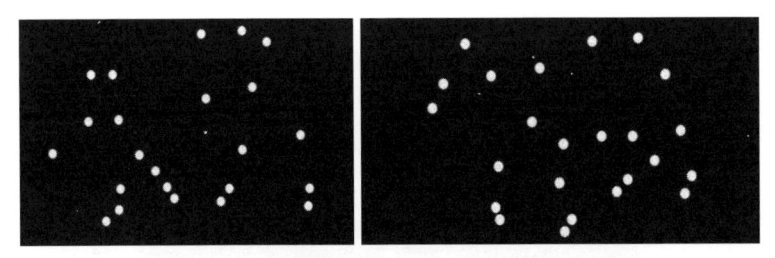

図2-11　4足動物の光点刺激（左は豚，右は羊）
（出所）　Skrba & O'Sullivan, 2009, Figure 1

や身体の知覚が体験頻度や集中した学習によるとするなら動物の身体や動作を見る経験が少ないことが挙げられるだろう。また，以降の節で詳細を説明するように，動物の身体がまさに自分の身体と似ていないことも理由の一つであると思われる。

3　できる姿勢とできない姿勢

(1)　視点と物体認識

　物を知覚して，その形や奥行き，運動がわかるだけでなく，それが「何」なのかを理解し，そのものの名前や使い方，目的までもがわかることを物体認識という。たとえば，椅子が目の前にあっても，視点が異なれば，網膜に映る像は異なるが，どの網膜像からもそれが椅子であり，人が座るためのものであることが認識できる（図2-12）。つまり，物体を認識するためには，どの視点から見ても（それによって網膜に映る像が大きく変わっても），脳にある情報と結びつけて，それが何であるかの答えを出す必要がある。

　これを実現するためには，視点に影響を受けない（どこから見えてもそれとわかる）表現を脳内に持っている必要がある（Marr & Nishihara, 1978）。たとえば，円柱や円錐は，ほとんどどこから見ても円柱や円錐だとわかる（位相幾何学的に同一）ことから（図2-13），これらの組合せで物体が表現されているという理論がある。複数の円柱・円錐が，いくつ，どのような接続で，どのよ

I　身体の理論

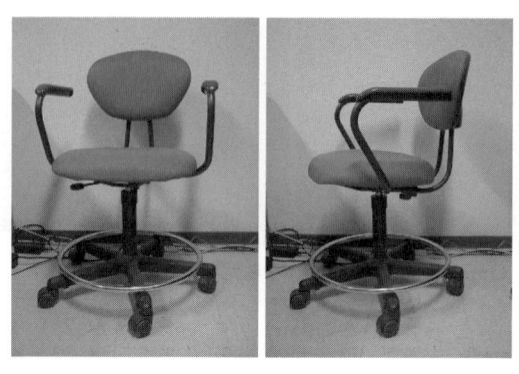

図2-12　異なる視点からの椅子の見え（視点に依存せず椅子だと認識できる）

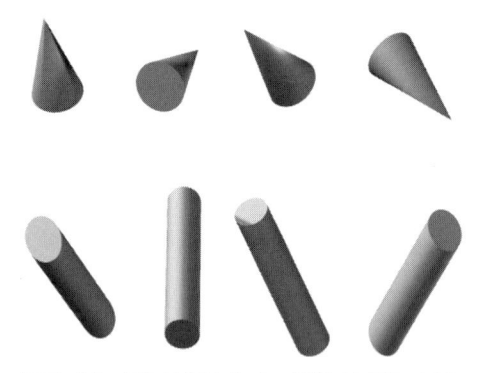

図2-13　異なる視点からの円柱や円錐の見え（視点が変わっても，その形状は質的には変わらない）

うな大きさの比率で接続されているかで物体が表現されているというのだ（図2-14）。ただし，いくつかの視点からの映像のみを脳で保持しており，それらから変形することで新しい視点からの映像を作り，認識に用いているという説もある（Ullman, 1989）。実際，ある視点からの映像で覚えた物体を，異なる視点から観察するとその認識や比較は同じ視点から観察する場合に比べて困難になる。このことを物体認識の視点依存性という（図2-15）。

　一般に，見慣れた物体に対する認識や，大きなカテゴリに関する判断（椅子

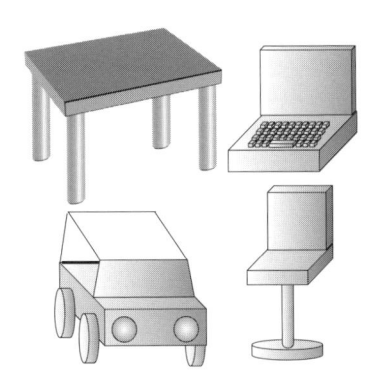

図2-14 円柱や円錐を組み合わせることでさまざまな物体が表現できる

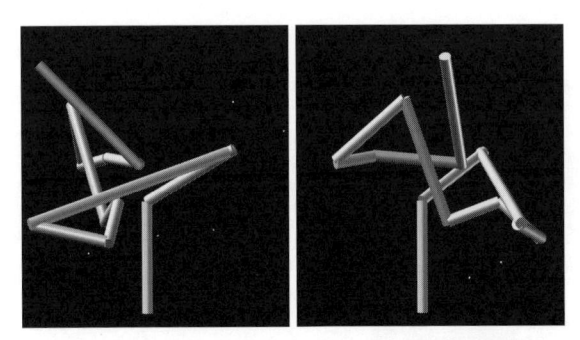

図2-15 視点が異なると同じ物体かどうかの認識が困難になる例

か机など）は，視点依存性が低い。一方で，はじめて見る物体や詳細な形状の分析を必要とする再認などは視点依存性が高い。つまり，覚える視点と比較する視点の差が大きいほど，認識成績が低下する。したがって，課題が同じであれば，視点依存性が低いほど，私たちにとって身近で見慣れた物であり，脳内に三次元に近い表現があると考えられる。

（2） できる姿勢とできない姿勢の認識

　私たちは，身体の外見（姿勢，動作）について，物体認識と同じ手法で研究

I 身体の理論

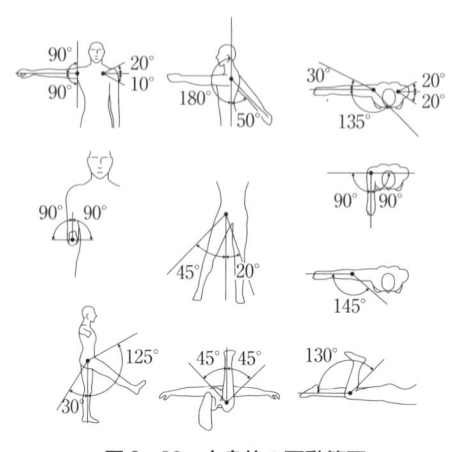

図2-16 人身体の可動範囲
(出所) 井上康之提供

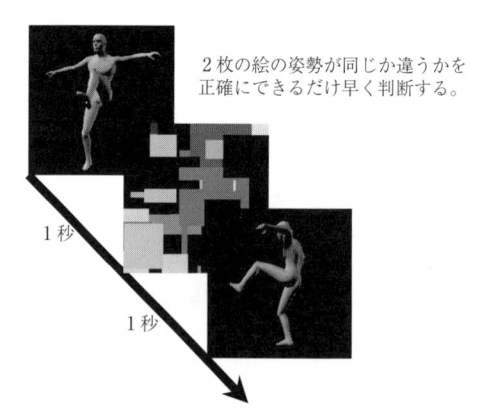

図2-17 姿勢の同じ・違う判断課題

を行った(井上・北崎,2010)。このときに対象とした身体の姿勢・動作には重要なポイントがある。それは,自分がその動作をできるか,できないかである。人の関節は,個人差や訓練による変化はあるが,一定の可動範囲を持っており,行える姿勢・動作には限界がある(図2-16)。もちろん,これには個人差があり,身体が硬い人や年齢を経た人の可動範囲はこれよりも狭いだろう。一方,身体が柔らかい人や訓練をした人はもっと広い可動範囲を持っている。

実験では,異なる視点からの2つの身体を比較して,それらが同じか違うかをできるだけ早く判断してもらった(図2-17)。このとき,できる姿勢とできない姿勢が用意され,またそれぞれまったく同じ姿勢の場合と,少しだけ違う姿勢の場合がある。

まったく同じ視点からの画像だけを用いて,同様の実験がリードら(Reed, Stone, Bozava & Tanaka, 2003)の実験3によって行われている。その結果,できる姿勢はできない姿勢よりも認識が容易(正答率が高く,反応時間が短い)であり,反応時間に関しては倒立させるとできる姿勢とできない姿勢の差がなくなった。私たちの実験では,まず誰でもできる姿勢を30種類用意し(図2-

第2章 「身体を見ること」の意味と仕組み

18a），次にそれらの左右の肘のいずれかと左右の膝のいずれかを曲げることができない方向へ曲げることでできない姿勢を30種類作成した（図2-18b）。そして，それらを身体の周り360度から45度刻みの視点位置から見た画像を作成した（図2-19）。そして，できる姿勢が連続2枚提示される条件とできない姿勢が2枚連続提示される条件を設定し，それぞれ同じ姿勢同士の場合と違う姿勢同士の場合があった。この実験のポイントは，さらに，連続提示される画像の視点は，同じ視点のもの同士から裏側の180度離れたもの同士まで用意したことである。つまり，視点依存性を調べることが目的であった。その結果，リードらと同じくできる姿勢はできない姿勢よりも認識が容易であった。さらに，視点が離れるに従い認識は難しくなるが，できる姿勢の方ができない姿勢よりも視点による難易度の変化が少なかった。また，倒立させると，この差は小さくなった。したが

図2-18a　できる姿勢

図2-18b　できない姿勢

Ⅰ　身体の理論

図 2 - 19　さまざまな視点からの姿勢の見えの作成

って，私たちの脳は，できない姿勢よりもできる姿勢を，とくに頭が上で脚が下という方向で，より効率的で三次元的に保持している可能性がある。より推察的には，「私たちの脳は自分ができる姿勢を処理しやすいようにできている」と言えるだろう。

　面白い問題として，サーカスの人や体操選手など身体のとても柔らかい人では異なるのではないかという疑問がある。この研究の話をすると，非常に多くの人からこの質問をもらう。しかし，その実験は，まだ行っていない。今後，ぜひともやってみたい実験の一つである。

（3）　できる動作とできない動作の認識

　それぞれの姿勢は可能だけれど，運動することはできない動作というものもある。つまり，動作の途中が不可能な姿勢となっている。あるいは，手が胴体を貫通して後ろから前に来るような動作である。人はこのような動作をできないけれど，コンピュータグラフィックスでは最初の姿勢と最後の姿勢を設定してその間を自動的に補間する手法がよく使われるので，このようなあり得ない動作が作られることがある。そこで，人の知覚はどうなのかを仮現運動を使っ

第 2 章 「身体を見ること」の意味と仕組み

時間 1

時間 2

時間を挟んで異なる
位置に対象が現れる。

運動として知覚される。

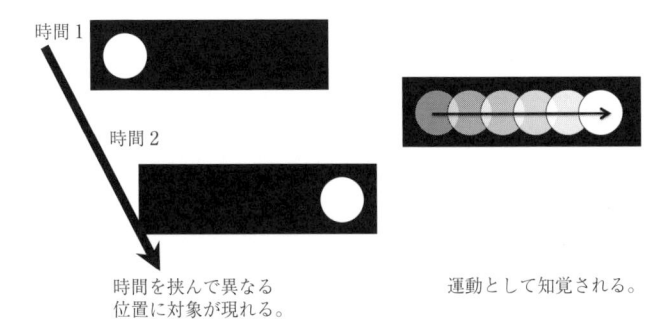

図 2-20　仮現運動

て調べた研究がある。仮現運動は，2枚のちょっとずれた静止画を適切な時間間隔で提示すると，その間が補間されたような運動が知覚される現象である（図 2-20）。多くの人は小さいころに自分でぱらぱらマンガを描いたことがあるだろう。そして，アニメはもちろん，一般的な映画やテレビもこの現象によって私たちに知覚されている。身体動作の一場面である図 2-21を連続提示（左図→右図）すると，その提示時間間隔に

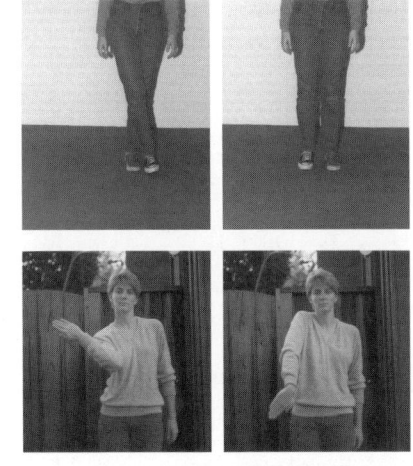

図 2-21　身体姿勢の仮現運動
（出所）　Shiffrar & Freyd, 1990, Figure 1

よって異なる仮現運動が知覚された。提示時間が非常に短いときには，運動経路がもっとも短くなるように運動が知覚された。つまり，図 2-21上では，右足が左足を貫通し，図 2-21下では，右腕が外側に回転した。これらはできない動作である。一方，時間間隔が長くなると，距離は長いけれども，人が普通にできる動作の方が知覚された。このことから，人のある程度高次な認知機能が働く時間がある場合には，できる動作かできない動作かに基づいて知覚が行われると考えられる（Shiffrar &

Freyd, 1990)。

　私たちは、静止した姿勢で行ったのと同様の実験をできる動作とできない動作で行った。やはり同じように、できる動作はできない動作よりも認識が容易であり、視点依存性も低かった。しかも、できる動作とできない動作の差は、できる静止姿勢とできない静止姿勢の差よりも大きかった。したがって、動作を認知するときには、その動作を自分ができるかできないかの情報が非常に重要な役割を持っており、脳にはできる動作の表現が保持されている可能性がある。

（4）　姿勢をまねて覚える

　ダンスを学習するときには、先生やお手本の動きを見ながら身体を動かして覚える。このように身体を動かして覚えると、視覚的な認識も促進されるのだろうか。私たちは、コンピュータグラフィックスで作成した姿勢をさまざまな方向から見て覚える記憶実験を行った。このとき、実験参加者を3つの群に分けて、覚え方を操作した。視覚記憶グループでは、椅子に座って、プロジェクターで提示される実物大の人の姿勢を見て覚えるように指示された。運動記憶グループとして2つグループを設定し、どちらもプロジェクターで実物大で提示される人の姿勢を、自分で実際に身体を動かすことでまねて覚えるように指示されたが、そのまね方が違った（図2-22）。自己中心座標系運動記憶グループでは、プロジェクターで提示される人の姿勢を鏡で見た自分のようにまねるように指示した。つまり、正面の向かい合わせでは刺激が右手を挙げているときには実験参加者は鏡のように左手を挙げた。対象中心座標系運動記憶グループでは、刺激にとっての左右と実験参加者の左右を合わせるようにまねた。つまり、刺激が右手を挙げていれば、実験参加者も右手を挙げた。記憶するときに提示された人の姿勢は、正面向きか後ろ向きのどちらかであった。一方、覚えた後に見た刺激か見ていない刺激かの判断（再認）を求める際には、いろいろな視点からの画像が提示された。

　結果の中から面白いところだけを抜き出すと、正面向きの刺激を見て覚える

第 2 章　「身体を見ること」の意味と仕組み

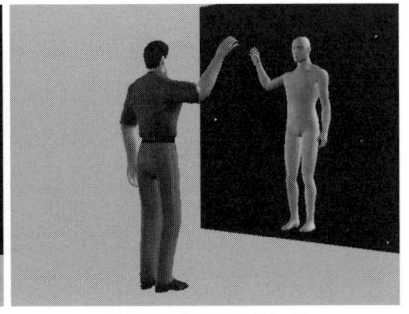

　　　自己中心座標系のまね方　　　　　　　対象中心座標系のまね方
図 2 - 22　姿勢のまね方の違い

か，後ろ向きの刺激を見て覚えるかによる再認正答率の差の表れ方が条件により違うことが挙げられる。ただ見て覚えた視覚記憶グループでは，正面向きの方が後ろ向きよりも再認正答率が高かった。しかし，対象中心座標系運動記憶グループでは，逆に後ろ向きの方が正面向きよりも再認正答率が高かった。もう一つの運動記憶グループでは差はなかった。つまり，身体を動かして姿勢を覚えるには，先生やお手本を前よりも後ろから見て覚える方が効率的だと言える。もしかしたら，他人の身体を後ろから見てまねると，その人に成る（入り込む）ような身体感覚が生じ易く，記憶にも影響を与えるのかもしれない。実際，ダンスのレッスンなどでは，お手本の先生の動きを後ろから見ながら，覚えることが多いらしい。

4　自分の身体から，ひとの身体を見る

（1）　見える身体

　さて，身体については他人の身体のみならず自分の身体を見ることもできる。もちろん，鏡を使えば自分の顔を見ることもできるが，それは比較的まれなことである。自分の手足については，一日のかなりの時間，自分で見ているのではないだろうか。このことが，身体の知覚については重要な意味を持っている。
　ラバーハンド錯覚は，目に見える偽の身体が自分の身体のように感じられる

I 身体の理論

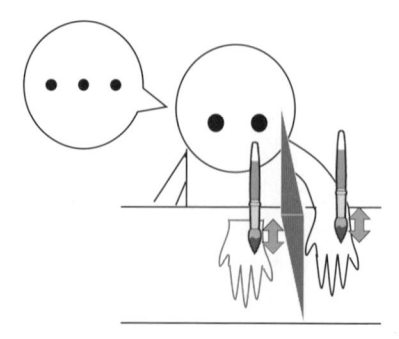

図 2-23 ラバーハンド錯覚

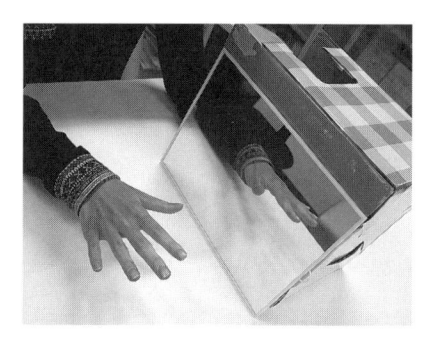

図 2-24 ミラーボックス

錯覚である（Botvinick & Cohen, 1998, 図 2-23）。たとえば，自分の左手を衝立で隠して見えないようにし，そのすぐ右横に実物サイズのゴム手袋を左手と同じように置く。実験者は，隠された本当の手とゴム手袋の両方を小さな絵筆で同期してなぞる。そのとき，ゴム手袋をじっと見ていると，そのゴム手袋が自分の手のような感覚が生じることがある。この現象は，あまり感じない人も少なくないが，一定の割合では生じる。つまり，視覚的なゴム手袋が絵筆でなぞられているという情報と触覚による左手をなぞられているという情報が脳で統合され，ゴム手袋が触られている自分の手だと知覚するようになる。

　また，ラマチャンドランら（Ramachandran, Rogers-Ramachandran, & Cobb, 1995）が幻肢痛（切断されて存在しない四肢の先や神経が繋がっていない四肢の先に痛みを感じる症状）の治療のために提案したミラーボックスでは，健常な人も不思議な体験をすることができる（図 2-24）。たとえば，右側面に鏡を貼った箱を用意し，左手をその中に入れる。右手を鏡の前に置き，鏡を見るとあたかも左手があるかのような位置に右手の鏡像が見えるようにする。この状態で，右手と左手を別々に動かすと自分の左手が自分の手ではないような感覚が生じる。つまり，目に見える右手の鏡像が，あたかも自分の左手のように感じられ，自分が実際に動かしている左手との違和感が強く生じる。

　これらの現象は，私たちの「自分の身体」だという感覚が，自己受容感覚

(自分の身体に関する位置・運動の感覚)だけではなく、視覚や触覚、そしてそれらの感覚間統合によって担われているということを意味する。これは普段自分の身体を目で見ていることから学習された可能性もある。身体が見えることは、身体の運動感覚にも影響を与えるのである。

(2) 生体力学的制約

ラバーハンド錯覚やミラーボックス錯覚は、見える身体が感じる身体に影響を与えるという話であった。ここでは、身体を動かすことや姿勢・動作についての潜在的知識が身体の見えに影響を与える話を振り返りたい。すでに、身体を見ることに、自分がその姿勢や動作をできるか・できないかが影響を与えるという研究を紹介した。姿勢や動作ができるか・できないかの情報を生体力学的制約と言う。私たちは、実際に不可能な姿勢や動作ができないだけではなく、どの範囲なら姿勢や動作ができ、どの範囲であればできないかの情報を脳に持っていると思われる。それが脳に保持される生体力学的制約である。この制約によって、普段無理な姿勢や動作を行うことはなく、円滑な運動をすることができる。さらに、他者の身体を知覚するときにもこの制約が影響していることを示したのが先に報告した研究である。しかも、第1章3節で示されたように、それはたった12ヶ月の赤ちゃんでもある程度持っている。少なくとも成人では、できない姿勢・動作よりもできる姿勢・動作の方が、効率的に知覚処理され、いろいろな視点からも認識されやすい。私たちの脳がこのような仕組みと機能を持っていることによって、自分の身体を自由自在に無理なく動かすことが可能となり、また他者の動きを的確に即座に認識できるのだろう。

さて、このような生体力学的制約は、人の発達過程において、どのようにして獲得されるのだろうか。一つは、視覚からの獲得である。赤ちゃんは、周りの人たちの姿勢や動作を見ている。観察される人たち(多くは私たち成人である)は生体力学的制約の範囲内の姿勢・動作しかできず、それらを観察し続ける赤ちゃんは、人の姿勢・動作のパタンとして「できる動作」のみを視覚学習していく。顔に対する特異的知覚システムや倒立効果が、顔についての経験の

多さや学習によるのではないかという考え方と同様である。すでに説明したように，羊飼いやカーディーラーは，羊倒立効果や車倒立効果を示す。それなら，人とは異なる動きや姿勢ができるロボットと一緒に暮らすような環境で育つ未来の赤ちゃんは，私たちとは異なる身体知覚システムを身につけるのかもしれない。これは，重要な今後の検討課題である。ただし，身体認知は視覚だけから獲得されるものではない。

　生体力学的制約は，視覚のみならず自分の運動体験からも獲得されるという考え方がある。8ヶ月齢の赤ちゃんができる動作とできない動作を提示されたときに，運動能力が高い赤ちゃんのみができない動作を長く見たという研究報告がある（Reid, Belsky, & Johnson, 2005）。このことから，自分が運動して得た経験が，他者の身体の知覚に必要であることが示唆される。つまり，自分が運動した経験を他者に投影して知覚していると言える。このような機能は，ミラーニューロンシステムと関係しているかも知れない。ミラーニューロンは，自分がある運動・行為をするときにも，それと同様の運動・行為を観察するときにも活動する神経細胞であり，マカクザルで発見されている（Rizzolatti, Fadiga, Gallese, & Fogassi, 1996）。このようなシステムは，自己と他者の関係を築くために必要なのだと考えられている。

（3）　自分と他者

　自己と他者の境目はどこにあるのだろうか。あるいは，どのようにして自己と他者が分離されて認識されるのだろうか。チンパンジーは，鏡を使って身繕いをしたり，自分の顔についた汚れを取ったりすることができることから，「自己意識」があり，他者と自己を分離して意識していると考えられている。犬や猫に鏡を見せると，多くの場合には鏡に映った自分の姿を他の動物と認識し，攻撃するような行動をとる。ロボットは，自己を認識できるだろうか。

　自己の感覚が揺らぐような感覚が報告されている。脳の右側角回を電気刺激することで体外離脱体験が生じる（Blanke, Ortigue, Landis, & Seeck, 2002）。体外離脱体験は，自分が，自分の身体から外に出てしまうように感じる現象で

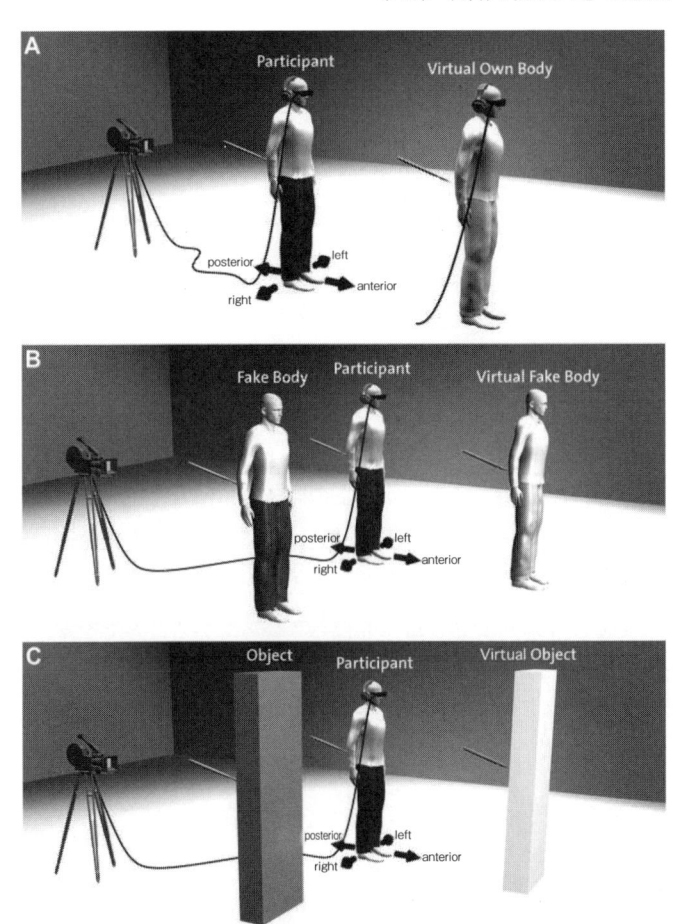

図 2 - 25 バーチャルリアリティによる体外離脱
(出所) Lenggenhager et al., 2007, Figure 1

ある。じつは、すでに説明したラバーハンド錯覚やミラーボックスで生じる体験も、このような自己と他者の境界が揺らぐような現象の一つと考えられる。実際、ラバーハンド錯覚をバーチャルリアリティを利用して全身に適用することで、体外離脱体験を生じさせることができる (Lenggenhager, Tadi, Metzinger, & Blanke, 2007, 図 2 - 25)。視野全部を覆う HMD (頭部搭載型ディスプ

レイ）を装着し，自分の背中や他人の背中，あるいは直方体が目前に見えるようにする。そして，自分の背中を実際に棒でつつかれるのと同期して映像の中の自分の背中や他人の背中がつつかれると，その見える背中の方向に自分自身がずれた位置にいるような感覚が生じた。このことは，「自己の感覚」が完全に自分の内部から出てくるわけではなく，視覚情報や触覚情報といった外部から知覚・観察される情報の統合によって生じていることを示唆する。

もう一つ，バーチャルリアリティではテレイグジスタンス（テレプレゼンス）という概念がある。遠くにあるロボットを操作しているときに，自分がまさにロボットになった感じがし，ロボットがいる場所に自分が存在していると感じることである。自分が眼を左に向けると，同時にロボットの頭についた眼も左に向き，頭を右に向けるとロボットの頭も右に向き，右手を挙げたら，ロボットの右手も挙がるといった具合に，人の身体運動と感覚入力がロボットの運動とセンサに即座に連動するときにこの現象が生じやすい。そして，すぐには生じず，その遠隔操作ロボットをしばらく使っていることで徐々に生じると言われている。この現象も広い意味では，体外離脱体験と言えるかもしれない。

5 おわりに——新しい身体を手に入れる

体外離脱やテレイグジスタンスを活用すれば，私たちはロボットにもなれるかもしれない。少しの体験やトレーニングによって，ロボットの身体を自分の身体のように感じるようになる可能性がある。つまり，新しい身体を手に入れることができる。そのとき，きっと自分の身体の認知も他者の身体の認知も変化していくだろう。そういう意味で，自己意識は，案外緩やかで可塑性のあるものなのかもしれない。私たちが現在持っている身体も，これまでの進化の中で獲得してきたものだし，成長の過程でも変化してきており，それに基づき身体認知も変化してきたはずだ。今ここにある環境の中で，私たちは動き回り，生き抜くことで，新しい身体を手に入れ，新しい身体の認知処理が形成されていく。そして，この環境には，今まさにロボットのような自律して動作・移動

する知的人工物がどんどん増えてきている。ロボットや知的人工物と一緒に発達する子どもたちはどのような身体（認知）を獲得するのだろうか。それを科学的に，客観的に解明していくのが私たち研究者の仕事である。

最後に興味深い問題が残されている。ロボットは真に人の身体を手に入れることができるだろうか，あるいは，ロボットは私たち人になれるのだろうか。それは，これから探求していくべきさらに挑戦的な問題である。

〈文　献〉

Blanke, O., Ortigue, S., Landis, T., & Seeck, M. (2002). Stimulating illusory own-body perceptions. *Nature*, 419(6904), 269-270.

Botvinick, M., & Cohen, J. (1998). Rubber hands 'feel' touch that eyes see. *Nature*, 391, 756.

Glocker, M. L., Langleben, D. D., Ruparel, K., Loughead, J. W., Gur, R. C., & Sachser, N. (2009). Baby schema in infant faces induces cuteness perception and motivation for caretaking in adults. *Ethology*, 115(3), 257-263.

Hadjikhani, N., Kveraga, K. K., Naik, P., & Ahlfors, S. P. (2009). Early (N170) activation of face-specific cortex by face-like objects. *Neuroreport*, 20(4), 403-407.

井上康之・北崎充晃（2010）．生体力学的制約が身体認識の視点依存性と倒立効果に及ぼす効果　心理学研究，81(2), 105-113.

Kanwisher, N. G., McDermott, J., & Chun, M. M. (1997). The fusiform face area: A module in human extrastriate cortex specialized for face perception. *Journal of Neuroscience*, 17, 4302-4311.

Lenggenhager, B., Tadi, T., Metzinger, T., & Blanke, O. (2007). Video ergo sum: Manipulating bodily self-consciousness. *Science*, 317(5841), 1096-1099.

Lorenz, K. (1943). Die angeborenen Formen moeglicher. *Zeitschrift für Tierpsychologie*, 5(2), 235-409.

Marr, D., & Nishihara, H. K. (1978). Representation and recognition of the spatial organization of three-dimensional shapes. *Proceedings of Royal Society of London B*, 200, 269-294.

Peelen, M. V., & Downing, P. E. (2005). Selectivity for the human body in the

I 身体の理論

fusiform gyrus. *Journal of Neurophysiology*, 93(1), 603-608.

Ramachandran, V. S., Rogers-Ramachandran, D. C., & Cobb, S. (1995). Touching the phantom. *Nature*, 377, 489-490.

Reed, C. L., Stone, V. E., Bozava, S., & Tanaka, J. W. (2003). The body inversion effect. *Psychological Science*, 14(4), 302-308.

Reid, M., Belsky, J., & Johnson, M. (2005). Infant perception of human action: Toward a developmental cognitive neuroscience of individual difference. *Cognition, Brain, Behavior*, 9(3), 193-210.

Rizzolatti, G., Fadiga, L., Gallese, V., & Fogassi, L. (1996). Premotor cortex and the recognition of motor actions. *Cognitive Brain Research*, 3, 131-141.

Robert, S., Porter, M. D., Justin, L., & Kaplan, M. D. (Eds.) Whitehouse Station, N. J., U. S. A.: Merck & Co., Inc. メルクマニュアル18版（オンライン），http://merckmanual.jp/mmpej/index.html.

Shiffrar, M., & Freyd, J. (1990). Apparent motion of the human body. *Psychological Science*, 1(4), 257-264.

Skrba, L., & O'Sullivan, C. (2009). Join the dots: Insights into motion of quadrupeds. *Eurographics Ireland 2009*, online.

Thompson, P. (1980). Margaret Thatcher: A new illusion. *Perception*, 9(4), 483-484.

Tong, F., Nakayama, K., Moscovitch, M., Weinrib, O., & Kanwisher, N. (2000). Response properties of the human fusiform face area. *Cognitive Neuropsychology*, 17(1), 257-280.

Ullman, S. (1989). Aligning pictorial descriptions: An approach to object recognition. *Cognition*, 32, 193-254.

郵便はがき

6 0 7 - 8 7 9 0

料金受取人払郵便
山科局承認
99

差出有効期間
平成26年11月
20日まで

（受　取　人）
京都市山科区
　　　日ノ岡堤谷町１番地

ミネルヴァ書房

読者アンケート係 行

◆ 以下のアンケートにお答え下さい。

お求めの
　書店名＿＿＿＿＿＿＿＿＿＿市区町村＿＿＿＿＿＿＿＿＿＿＿＿＿＿書店

この本をどのようにしてお知りになりましたか？　以下の中から選び、3つまで○をお付け下さい。

A.広告（　　　　　）を見て　B.店頭で見て　C.知人・友人の薦め
D.著者ファン　　　E.図書館で借りて　　　F.教科書として
G.ミネルヴァ書房図書目録　　　　　H.ミネルヴァ通信
I.書評（　　　　）をみて　J.講演会など　K.テレビ・ラジオ
L.出版ダイジェスト　M.これから出る本　N.他の本を読んで
O.DM　P.ホームページ（　　　　　　　　　　　　　）をみて
Q.書店の案内で　R.その他（　　　　　　　　　　　）

書 名 お買上の本のタイトルをご記入下さい。

◆ 上記の本に関するご感想、またはご意見・ご希望などお書き下さい。
「ミネルヴァ通信」での採用分には図書券を贈呈いたします。

◆ よく読む分野(ご専門)について、3つまで○をお付け下さい。
　1.哲学・思想　　2.宗教　　3.歴史・地理　　4.政治・法律
　5.経済　　6.経営　　7.教育　　8.心理　　9.社会福祉
　10.高齢者問題　　11.女性・生活科学　　12.社会学　13.文学・評論
　14.医学・家庭医学　　15.自然科学　　16.その他(　　　　　　　)

〒

ご住所　　　　　　　　Tel　　　(　　　)

　　　　　　　　　　　　　　　　年齢　　　性別
ふりがな
お名前　　　　　　　　　　　　　　　歳　男・女

ご職業・学校名
(所属・専門)

Eメール

ミネルヴァ書房ホームページ　　http://www.minervashobo.co.jp/

発達

Quarterly Magazine —— HATTATSU

1・4・7・10月 各25日発売　B5判美装・120頁
本体1500円+税／年間定期購読料 6760円

毎号の購読に便利な定期購読をぜひご利用ください

[入手方法・ご購読方法]

- ●書店店頭でご購入いただけます。なお、店頭に在庫がない場合は、バックナンバーを含め、書店を通じてお申し込みいただけます。

- ●小社に直接お申し込みいただく場合は、本紙についております振込用紙に「ご住所・お名前」と「何号から定期申込み」とをご明記のうえ、郵便振替にて1年4号分の定期購読料6760円（税・送料共込）をお送りください。毎号郵送にてお届けいたします。

- ●その他、ゼミや研究室単位でのご採用をご検討の場合は、小社営業部までご連絡ください。

[お問い合わせ先]

ミネルヴァ書房営業部
　Tel：075-581-0296　FAX：075-581-0589
　Mail：eigyo@minervashobo.co.jp

＊価格は2013年3月現在のものです。

乳幼児期の子どもの発達や、それを支える営みについて、幅広い視点から最新の知見をお届けします。子どもを取り巻く環境が大きく変化する今、現場の保育者から研究者・学生まで、保育・発達心理にかかわるすべての方に役立つ内容です。

特集

毎号、保育・発達心理を中心に、今知っておきたいトピックを特集。

連載

充実の連載で、発達をとらえる多面的な視座を提供。

保育に活かせる文献案内
汐見稔幸

ことばとコミュニケーションを科学する
玉川大学赤ちゃんラボ

人との関係に問題をもつ子どもたち
《発達臨床》研究会

霊長類の比較発達心理学
松沢哲郎／明和政子／平田 聡／林 美里

障がいのある子の保育・教育のための教養講座──実践障がい学試論
佐藤 曉

育つということ──発達臨床のフィールドから
山上雅子

発達読書室

著者が語る
著者自らによる新刊案内

書籍紹介

◆**バックナンバーも充実**

書店にてお申し込みいただけます。133号まで、各巻本体1200円＋税。在庫のないものは、オンデマンド版（各巻本体2200円＋税）でご用意いたします。

＊本紙に掲載の情報は2013年3月現在のものです。

II 心の理論

第3章
乳児はどのように他者の心を見出していくのか

守田知代・片山伸子

　心理学の分野において「心」とは，外からは直接見たり聞いたりできない内的な状態をさす。たとえば感じている気持ち（感情），知っている事柄（知識），信じている事柄（信念）などが挙げられる。他者の心の状態を知りたいとき，「あなたはどう思いますか？」「あなたは○○を知っていますか」というように直接相手に尋ねるのも一つの解決法である。しかし，私たちは日常生活の中で一つ一つ尋ねるといった面倒なやり方で相手の心を把握しているわけではない。多くの場合は，相手の行動や表情など外から観察できる情報をたよりに相手の心の状態を想像している。時計をしきりに見ている人がいればその人は時間を気にして焦っているのかな，一人で電車に乗っているのにニヤッと笑っている人がいれば何か面白いことを思い出しているのだろうかというように相手の心の状態を想像する。このような他者の心を推し量る心の働きは，ときに「メンタライジング」とよばれる。このメンタライジングは，多くの人たちと交わりながら社会生活を円滑に営むためには不可欠な機能である。逆に，このメンタライジング機能がうまく働かなくなってしまったら日常生活は非常にぎこちないものになってしまうことは想像に難くない。

　では，いったいいつから人は他者の心の存在に気づきはじめるのだろうか。生まれて間もない乳児は，まず「見る」こと，「聴く」こと，「触る」こと，「におう」こと，「味わう」ことを通じて物理的な世界に触れ，多様な感覚刺激を受ける。それによって感覚器官や脳内の情報処理経路が発達する。生後6ヶ月ごろにはひととおり感覚器官が発達して，周りの豊かな情報をかなり正確に受け止められるようになる。ちょうどそのころに乳児は新たに「心」の世界に

触れはじめることになる。この章では,およそ生後6ヶ月から1歳前半までの子どもがどのように心を捉えていくのか,またどのようなときに心の存在を見出すのかについて紹介していきたい。

1　動きから心の存在を感じる

（1）　社会的因果性を読み取る

　私たちは,自分と同じように他者にも心があると暗黙のうちに理解している。だからこそ,知っている人であろうとなかろうと相手の心の状態を自然と推測できてしまう。それはもちろん人に対してだけでなく,人以外の動物,ときには植物に対しても心の存在を認めてしまうことがある。ハイダーとジンメル（Heider & Simmel, 1944）らは,丸や三角といった単純な図形であっても,その動き方によっては,人はそれらに心の存在を認めてしまうことをはじめて示した。彼らは単純図形があるストーリー性を持って動いている映像を呈示し,その印象を記述させたところ図形を擬人化した回答が多く得られた。とくに「嫌がって逃げている」「楽しんでいる」など被験者は図形に対して帰属させた心の状態を表す語彙を豊富に用いたのである。彼らが実験で用いた個々の図形の動きには,「自己推進性」と「目標志向性」の要素が含まれている。「自己推進性」とは,外側から物理的な力を受けずに自律的に動いたり止まったりする性質をさし,「目標志向性」とは達成されるべき目標に向かって動くという性質をさす。プレマックらによると,これら2つは,動く物体に対して意図や目的といった心の存在を感じるために必要な要素である（Premack & Premack, 1997）。

　さらに,ハイダーらのアニメーションには,複数の物体が登場し,それらの間には特定の関係が存在している。たとえば,生物同士に見られる「追いかけっこ」の関係である。この場合,追いかける側は追うことを目標としていて,逆に逃げる側は逃げることを目標としている。二者の目標や意図などが駆動力となって物体間の関係を生み出している。こういった物理法則では説明できな

い関係性は「社会的な因果性」とよばれる。心など持つはずもない物体であっても，それらの動きに「自己推進性」,「目標志向性」，さらに「社会的な因果性」をもたせると，人は思わず心や意図の存在を感じてしまうのである。

ところで，乳児は社会的な因果性をもつ動きをどのように見ているのだろうか。ロシャらはこの問いに答えるべく一連の実験を行った。まず，2つのボールが追いかけっこをしているように動いている映像と，2つのボールがランダムに動いている映像を左右にならべて呈示し，乳児がどちらの映像を長く見るのかを調べた。この方法は興味を引くものを好んで長く見るという乳児の特性をうまく生かしたもので選好注視法とよばれる（第1章1節（1）参照）。結果，3ヶ月児は追いかけっこの動きの方をより長く見たのに対して，6ヶ月児はランダムな動きの方を長く見た（Rochat, Goubet, & Shah, 1997）。2つの月齢で異なるパターンを示したものの，少なくとも生後3ヶ月からすでに2つの刺激を識別していると言える。ここで問題となるのは，乳児が識別できたからといって物体間の社会的な因果性を認識しているかどうかはわからないという点である。

そこでロシャらは，さらに馴化法（第1章2節（1）参照）を用いた実験を行った。手順としては，異なる色で塗りわけられた2つのボールが追いかけっこをしているように動く映像を乳児に繰り返し見せる。このときの映像に対する注視時間を測定する。何度も繰り返し見せると飽きて徐々に注視時間が短くなってくる。これを馴化という。注視時間がある基準以下に減少したところで，2つのボールの色を入れ替えたテスト刺激に切り替え，その刺激に対する注視時間を測定する。ここで，もし乳児がこれまでとは違うことに気づけば，新しく登場した刺激に対する注視時間が増加するはずである。先ほど対象となっていた6ヶ月児では注視時間の増加は見られなかったが，9ヶ月児では注視時間の増加が見られた（Rochat, Striano, & Morgan, 2004）。大人がこのようなアニメーションを見ると，追いかけられるボールには，「逃げる」という意図が，追いかけるボールには「追いつこう」とする意図が自然と感じられる。はたして9ヶ月児が大人のようにボールに対して意図を帰属しているかどうかは別と

Ⅱ 心の理論

して，少なくともボールの色とその役割の組み合わせが入れ替わったことに気づいていることは確かである。

（2） 合理的な目標帰属

アニメーション刺激を巧みに用いて，単純な図形がある目標に向かって動くことを9ヶ月児が合理的に理解している証拠を示した面白い実験がある。ゲルゲリーによる馴化法を用いた実験である（Gergely, Nadasdy, Csibra, & Biro, 1995）。

馴化刺激として図3-1-(1)のような映像を呈示した。一方のボールAがもう一方のボールBに近づこうとするが，その進路をさえぎるような壁がある。そこでボールAはジャンプするように壁を乗り越えてボールBへ近づく。この映像を繰り返し見せて馴化させたのち，テスト試行では図のように壁を取り除いた2つの映像のうちどちらか一方を見せた。一つ（図3-1-(2)上）は，ボールAがボールBへ向かって最短ルートを通って直線的に近づく映像，もう一つ（図3-1-(2)下）は馴化刺激のときと同様のルートを通ってジャンプするように近づく映像である。それぞれの映像に対する注視時間を測定した。乳児は見慣れない新しいものあるいは予測とは異なるものを見たときに注視時間が増加するという特性をもつ。そこで条件間で注視時間を比較することによって，どちらの映像を乳児が新奇あるいは予測とは異なるものとみなしているのかがわかる。結果，9ヶ月

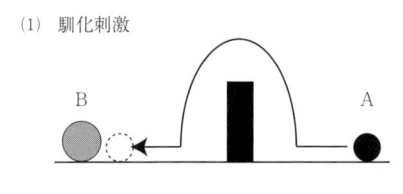

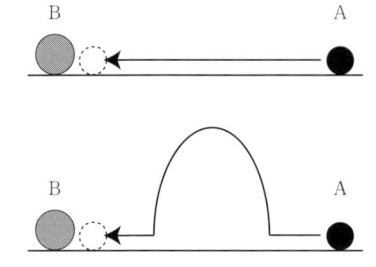

図3-1　ゲルゲリーらが行った実験
（注）（1)馴化刺激：ボールAが壁を乗り越えてボールBに近づく映像。
　　　(2)テスト刺激：（上図）最短ルートでボールBに近づく映像。
　　　（下図）馴化刺激と同様のルートでボールBに近づく映像。
（出所）Gergely et al., 1995を改変

児は直線的に近づくよりもジャンプして近づく映像をより長く見た。ボールの物理的な動きは馴化刺激とまったく同じであるにもかかわらず、ジャンプする映像の方が乳児にとっては予測できないものであったことを物語っている。この結果は、乳児がボールの目標を理解していることを示している。つまり、ボールAの目標はボールBへと近づくことであるとわかっていれば、壁がない状況では直線的にボールBへ近

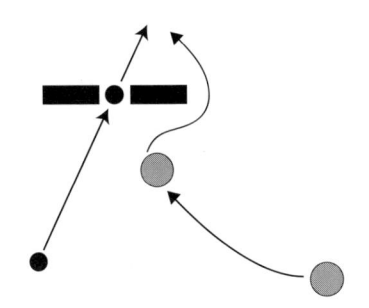

図3-2　チブラらの実験の馴化刺激
（出所）Csibra et al., 2003を改変

づけばよく、わざわざジャンプするのはおかしいと感じるというわけである。彼らは異なるアニメーションを用いて、動く物体がもつ目標を理解している証拠を重ねて示した。

　図3-2のように、大きいボールが小さいボールに近づこうとするが、その途中でトンネルのついた壁が障害となっている。そこで小さいボールはそのトンネルを通り抜けるが、大きいボールはトンネルを通らずに進路を右に大きく変える様子を馴化刺激として見せた。馴化させたのち、テスト刺激として2種類の刺激を見せた。一つは大きいボールが小さいボールから遠ざかるように進んでいく映像、もう一つは小さいボールに近づいていく映像である。結果、12ヶ月児は遠ざかる映像のほうをより長く見た。馴化の際に小さいボールに近づくことを目標としていたため、その後小さいボールから遠ざかってしまうのはおかしいと感じたと解釈できる。このように生後1歳ごろまでには動きを手がかりとして、文脈に応じて効率的かつ合理的に目標を見出すことができることを示した（Csibra, Bíró, Koós, & Gergely, 2003）。

（3）　より複雑な心の状態を帰属

　これまでは、乳児が物体の動きに対して目標や意図を見出すことができるということを述べてきた。動きの情報からさらに複雑な心の状態までも乳児は見

Ⅱ 心の理論

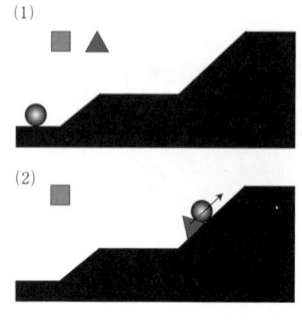

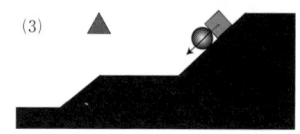

図3-3 クールマイアーらの実験の馴化刺激

(注) (1)丸（クライマー）が坂道をのぼろうとする。
(2)三角（ヘルパー）が下から丸を押し上げる。
(3)四角（ヒンダラー）が上から丸を押さえつける。
(出所) Kuhlmeier et al., 2003を改変

出すことができることを示したクールマイアーらの研究がある（Kuhlmeier, Wynn, & Bloom, 2003）。

図3-3-(1)のように坂道があり，そこを丸（クライマー）が上ろうとしている。そのときクライマーを助けるように下から押し上げる動きをするヘルパー（図の場合，三角）が現れる映像（図3-3-(2)）と，逆にクライマーを妨害するように上から押さえつける動きをするヒンダラー（図の場合，四角）が現れる映像（図3-3-(3)）を交互に5ヶ月児と12ヶ月に見せた。これらの刺激に馴化させたのち，テスト試行に進んだ。テスト試行は馴化試行とはまったく異なるもので，クライマーがヘルパーまたはヒンダラーへと近づいていく映像を見せ，各映像に対する注視時間を測定した。結果，12ヶ月児はクライマーがヘルパーに近づく映像の方をより長く注視していた。一方，5ヶ月児ではこのような注視パターンの偏りが見られなかった。この結果は，坂道をのぼるという行為を手伝ってくれたヘルパー，あるいはその行為を邪魔したヒンダラーに対してクライマーが抱いている心の状態を12ヶ月児が区別し理解していることを示すとクールマイアーらは考えている。接近行動の裏には，対象となる相手に対する好意，愛情や信頼感などポジティブな感情を伴う。逆に，回避行動にはその相手に対する敵意，嫌悪感や不信感などネガティブな感情を伴う。つまり，12ヶ月児は社会的な因果関係をもつ動きを手がかりに，複雑な心の状態を見出すことができる。そしてその読み取った感情に基づき，エージェントの行為を予測していると考えられる。

さらにクールマイアーらのグループは，社会的な因果関係をもつ動きから乳

児自身がその他者に対して社会的な価値を判断していることを示した（Hamlin, Wynn, & Bloom, 2007）。馴化試行の手続きは上の実験とほぼ同様であるが，コンピュータ画面ではなく実演で刺激を呈示した点のみが異なる。テスト試行では，馴化刺激で登場したヘルパーとヒンダラーを実際に乳児の目の前に並べておき，乳児がどちらに手を伸ばして触るかという行動反応を調べた。先ほどの12ヶ月児よりも月齢が低い6ヶ月児，10ヶ月児を対象としたが，両月齢ともに，ほとんどの乳児が他者を助ける行動をとったヘルパーを選ぶことが確認された。誰が味方で誰が敵であるかといった判断能力がかなり早い時期から獲得されていることを示した結果である。

じつは，物理的な状態に対する価値判断能力もほぼ同じころ獲得される。たとえば，乳児が大きな段差を目の前にしたときに，その段差が危険であるとわかり自分で回避するようになるのが生後6ヶ月ごろと言われている。つまり，何が危険で何が安全であるかを見極め，危険を回避する能力は，その対象にかかわらず生後6ヶ月ごろに獲得されると思われる。物に対する判断，人に対する判断が同時期であるという点を考慮すると，おそらく生後6ヶ月時点では，まだ他者が心に抱く「好き」や「嫌い」といった感情状態を理解できていないと予想される。動きの情報からエージェントの心的状態，中でも感情を推測できるようになるのは生後12ヶ月であるというクールマイアーらの結果は，後に述べる表情理解の発達（4節）と非常に整合性がとれている。

2　他者の行為を見て心を感じる

(1)　目標志向的行為の理解

食事をしていて，誰かが食卓に置いてあるソースの方向に手を伸ばしているとすれば，その人はソースを取るという目標を心に思い描いているとすぐにわかる。他者の行為を見てその行為者が心の中に思い描く目標を推測する能力は，メンタライジング能力の中でも非常に早い時期に獲得される。そのため，他者の心の理解を紐解く重要な鍵を担っていると考えられている。

II 心の理論

　ウッドワードは馴化法を用いて，生後5-6ヶ月ごろから他者が心に描く目標をわかりはじめていることを示した。乳児の前に興味を引く2つのおもちゃを左右に並べ，人がどちらか一つのおもちゃに手を伸ばして取ろうとする様子を繰り返し見せた。乳児がその場面に馴化したのちテスト試行に移行した。テスト試行では馴化試行と同様に片方のおもちゃに対して手を伸ばす様子を見せたのだが，半数の被験児には馴化試行と同じおもちゃに，残りの被験児には馴化試行とは異なるおもちゃに手を伸ばす様子を見せた。このテスト試行では2つのおもちゃの位置が馴化試行とは入れ替わっているところがこの実験の肝である。つまり，前者群では手が通過する軌道が，後者群では手を伸ばす先の目標物が新しく変わることになる。これら2群の注視時間を比較することで，手の軌道変化あるいは目標物の変化のどちらが乳児にとって新奇性が高いものであるかを知ることができる。結果，5ヶ月児，9ヶ月児ともに目標物が変化した刺激に対する注視時間のほうが長かった（Woodward, 1998）。それまでとは異なる目標に向かったことが，乳児にとっては新奇であるとみなされたのである。このように生後5ヶ月ごろから，他者の行為がある目標に向かって行われていることを理解しはじめているようである。

　では，乳児はいったい誰（何）に対して目標を帰属するのであろうか。ウッドワードらは，人の代わりに，棒やメカニカルハンドといった無生物のエージェントを用いて上と同様の実験を行った（Woodward, 1998）。すると，エージェントが人である場合に見られた注視時間の差は見られなかった。つまり，無生物のエージェントの行為はある目標に向かってなされているとは理解されにくいようだ。これらの結果をうけて，生後6ヶ月までに乳児は人と人以外を区別し，まずは人に対してのみ選択的に行為の目標を帰属するのだと彼女らは主張している。つまり，エージェントの見た目が目標帰属にとって重要な要因であると考えた。その後，ビロらは無生物の行為に対しても動きの手がかりを用いて生物らしさを付加すると，エージェントが人であるときと同様の結果が得られることを報告している（Biro & Leslie, 2007）。先の1節で述べたように，形態（見た目）が無生物であっても，動きによって生物感を強く喚起させるこ

とで，無生物に対する目標帰属ができてしまうわけである。

（2） 行為理解と運動能力の発達

　生後5-6ヶ月ごろから人の行為がある目標に向かって行われていることを理解しはじめていることを示す知見がこれまでに蓄積されてきたが，その理解力の発達には，乳児自身がその行為をできるかどうか，つまり乳児の運動能力が大きく関わっていることを鹿子木・板倉は実証的に示した（Kanakogi & Itakura, 2011，図3-4）。

　4，6，8，10ヶ月児を対象として，人が2つのおもちゃのうち片方へ手を伸ばしてつかもうとする映像（把持運動条件）を見せ，その際の行為の目標を予測する視線を計測した。それとともに，乳児自身の把持運動の能力を評価した。その結果，4ヶ月児では行為の目標を予測する視線の動きは見られず，また自身は把持運動をうまく行うことができなかった。それに対して6-10ヶ月児は目標への予測的な視線を示し，また把持運動も上手くできた。さらに，これら2つの能力の間には発達的な対応関係があることが明らかとなった。また，映像の中の手のひらを上に向けた非目標志向的な行動を示す条件，あるいはマジックハンドを用いた条件を用意したが，これらの条件ではいずれの月齢の乳児も予測的な視線の動きを示さなかった。つまり，人が行う通常の行為に対してのみ目標を予測していたのである。これらの結果は，観察された行為が観察者自身のその運動表象にマッピングされることによって他者の行為理解が行われるというダイレクトマッチング仮説（Rizzolatti, Fogassi, & Gallese, 2001）の個体発生的な証拠を提供するものと言える。

　さらに月齢が上がると，物体をつかむだけでなく，もう一方の手に持ちかえたり別の場所に置いたり，少し複雑な物体操作ができるようになる。ファルケ-ヨッターらは，物体操作に伴う他者の行為や目標をいつごろから予測できるようになるのかについて調べた。人がボールをつかんで傍にある箱（ゴール）の中へ入れるという動作をしている映像を呈示し，それを見ている際の行為の目標を予測する視線を計測した。12ヶ月児はボールが到着するより約200ミリ

Ⅱ 心の理論

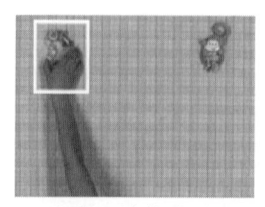

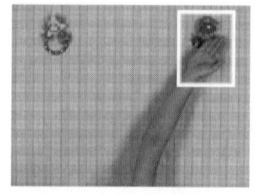

把持運動条件（GP）　　　手の平条件（BH）　　　マジックハンド条件（MC）

図3-4a　各条件の呈示映像（1フレーム）

（注）　白枠は目標領域を示す。
（出所）　Kanakogi & Itakura, 2011を改変

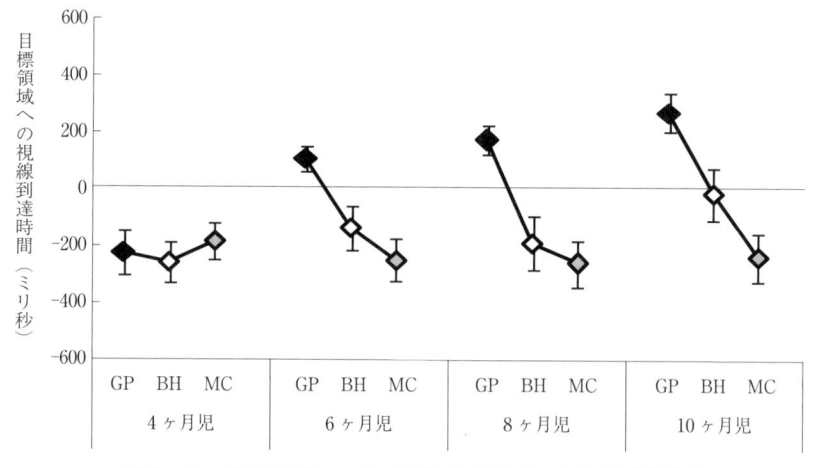

図3-4b　各月齢グループにおける目標領域への視線到達時間

（注）　正の相対的な到着時間は視線がエージェントの行為より先んじて目的領域に到達したことを示している。
（出所）　Kanakogi & Itakura, 2011を改変

秒前にゴールを見ていたのに対して，6ヶ月児は逆に200ミリ秒程度遅れてゴールを見ていた（Falck-Ytter, Gredebäck, & von Hofsten, 2006）。その一方で，人が運ぶのではなく同じ軌跡をたどってボールが自律的に箱に入る映像を見せたときは12ヶ月児でさえも予測的な視線を示すことはなかった。これらの結果から，少なくとも生後12ヶ月ごろまでには物体を操作する人の行為を見て，そこに行為者の目標を思い描きはじめていると言える。直接は調べられていない

が，鹿子木ら（Kanakogi & Itakura, 2011）の結果を踏まえると，生後9-12ヶ月ごろに飛躍的に発達する乳児自身の物体操作能力との関連があるのは間違いなさそうである。

　乳児を対象とした目標帰属研究が多くの関心を集めている背景には，他者理解の起源を知りたいというモチベーションがある。近年，まさに目標帰属と他者の心の理解との関係を実証的に示した研究が報告され注目を浴びている。先に説明したウッドワードらが行った目標帰属パラダイムの実験において，目標志向的行為に対する注視時間が繰り返しに伴い大きく減少した乳児ほど，のちの幼児期に実施した誤信念課題（3節（4）参照）のスコアが高いことが示された（Aschersleben, Hofer, & Jovanovic, 2008）。言い換えると，ある行為に対して目標を理解するまでに時間を要さなかった乳児ほど，その後，他者の誤信念を正しく理解できていたということである。生後5-6ヶ月の時期というのは，行為者と実在する対象物というシンプルな関係を介して，行為者が心の中にもつ目標を思い描いているという段階といえる。やがて行為が複雑になっても行為者の目標がわかり，さらには物理的な対象から切り離されたより抽象的な心の状態を考えたり推測したりする力へと成長していくのであろう。このような発達的な変化を実証的に示していくことが今後要求されている課題であろう。

3　他者の視線を見て心を感じる

（1）　共同注意の獲得

　「目は口ほどにものを言う」という諺があるが，他者とのコミュニケーション場面において，視線は相手についての豊富な情報を与えてくれる。私たちは相手の「目」を見ることでその人はちゃんと話を理解しているか，また本当はどう思っているのかといった内的な状態をある程度推測できる。このように人は相手の視線をコミュニケーションに有効な手がかりとして用いることができるのだが，その能力には人の目の形態的な特徴が大きく影響している。人の目は霊長類の中でもきわめて特殊な形態であることを小林・幸島は報告している

(Kobayashi & Kohshima, 1997)。他の霊長類の目に比べて横長であり，露出した強膜部分（いわゆる白目）が非常に大きい。さらにその露出した強膜部分の色がこれほど白いのも人だけである。つまり，人の目は白目と黒目のコントラストがはっきりしているため，相手の視線方向がわかりやすい構造になっているのである。進化の過程でこのような目の外部形態を獲得したおかげで人は視線によるコミュニケーションの可能性を飛躍的に高めたと考えられる。

人は生まれて間もない新生児でも目を閉じた顔よりも目を開けた顔を好み，それた視線よりも自分に向けられた視線を好むなど，きわめて早い段階から目に対して敏感に反応することが知られている（Farroni, Csibra, Simion, & Johnson, 2002; Batki, Baron-Cohen, Wheelwright, Connellan, & Ahluwalia, 2000）。このような目に対する生得的な選好とは異なり，他者の視線の変化に反応してその視線を追うといった視線追従が現れはじめるのは生後4-6ヶ月ごろのことである。この段階での視線追従は，他者と視線が合った状態をスタートとし，そこから他者の目の動きによって反射的に視線方向へと誘導されるという未熟なものである。視野内の左右方向であれば他者が見ているのと同じ方向を見ることができるのだが，その方向に複数の対象がある場合には他者が見ている対象を正確に捉えることはできない段階である。バターワースとジャレット（Butterworth & Jarrett, 1991）は，このような外的な要素によって誘発される視線追従は「生態学的メカニズム」によるものとした。生後9ヶ月を過ぎるころになると視線追従は洗練され，乳児は自発的に他者の視線方向をたどってその先にある対象を見ることができるようになる。さらに，乳児が見つけた対象が他者の見ているものと同じかどうかを確かめるかのように他者を振り返って見ることもある。バターワースらは，この時期に見られる視線追従には「幾何学的メカニズム」の発達が関係していると述べている。研究者によって微妙な定義の違いはあるが，このように他者と注意が同じものへ向かっている状態を「共同注意（joint attention）」と呼んでいる。生後9ヶ月前後に見られる共同注意の獲得によって，それまでの「自己―他者」という二項関係を越え，第三の対象を共有する「自己―対象―他者」という三項関係が成立することとなる。

他者とのコミュニケーションを成立させるためには，話し手と聞き手の間で言語や概念を共有する必要があるが，共同注意はこのような他者とのコミュニケーションの基盤を築くうえで重要な役割を果たしている。さらに月齢が上がり，生後12ヶ月ごろになると，他者の視線を追って視野以外に存在する対象に対して注意を共有できるようになる。バターワースらによればこの段階の共同注意は，「空間表象的メカニズム」の発達と関連しているといわれており，実際には見えない対象を他者と共有することができる。

（2） ロボットへの視線追従

このように生まれてから1年の間に，他者の視線を精度よく追従できるようになるのだが，追従する対象は人の視線だけに限らないようである。たとえば，ぬいぐるみロボットのようなエージェントに対しても，乳児との随伴的な相互作用や人らしい形態などを付与すると，12ヶ月児はその視線方向を追従しようとする（Johnson, Slaughter, & Carey, 1998）。また，ヒューマノイドロボット（ロボビー，ATR社製）に，人の目の構造と類似した目をつけたときに限って，12ヶ月児はロボビーの視線を追従する（Okumura, Kanakogi, Kanda, Ishiguro, & Itakura, 2013）。このように，状況によってはロボットの視線も追従することが報告されている一方で，他者と対象を共有することによって生じる学習促進効果は人に特異的であることを示す証拠がある。ここでその研究の一つを紹介したい。まず，人または（目をもつ）ヒューマノイドロボットが2つのおもちゃのうちの一つに視線を向ける映像を12ヶ月児に呈示し，そのときの乳児の視線の動きを計測した。その後，その2つのおもちゃを実際に目の前に置き，乳児がどちらを好んで手に取るのかを調べた。その結果，人の視線もロボットの視線も同じように追従した。ところが，実際におもちゃを選択する場面では条件間に違いが見られた。ヒト条件では，先ほど人が見ていたおもちゃの方を好んで触ったのに対して，ロボット条件では選好の偏りは生じなかった（Okumura et al., 2013）。このような結果は，子どもたちにとってロボットがなじみのない存在であることと関係しているのかもしれない。これまでの研究によれ

ば，ロボットがインタラクティブな存在であることを子どもに経験させることで，ロボットを人のような存在とみなすようになることが知られている（Arita, Hiraki, Kanda, & Ishiguro, 2005; Itakura, Ishida, Kanda, Shimada, Ishiguro, & Lee, 2008）（第6章2節（4）も参照）。とすれば，ロボットからの学習促進効果を引き出すことも工夫次第では可能なのかもしれない。

（3） 他者知識の理解

私たちは日常生活の中で，何が相手にとって新しいもので，何がすでに知っているものであるかを容易く判断している。そして，他者の知識に応じて私たち自身の行動を調整している。たとえば，会議の日程が変更したことをAさんは知らないので連絡してあげよう，Bさんはこんな珍しいお菓子の存在を知らないだろうからお土産に買ってあげようなど。こういった行動をとるためには，見ることあるいは聞くことと，知っていること（知識）は非常に関係が深いこと，つまり人は何かを見たり聞いたり経験したりすることによって，その人の内的な状態は大きく変化することを理解していなければならない。上の例では，会議の日程変更を知らない状態のAさんは，その変更のお知らせを聞くことによって知っている状態へと変化することを理解していなければならない。では，見ることや聞くことと，知っていることの関係を人はいつごろから理解しはじめるのだろうか。

トマセロとハベールは，もともとオニール（O'Neill, 1996）が幼児を対象に用いていた課題をもとに，言語性をできるだけ排除した課題へと改良したものを用いて，12, 18ヶ月児が他者の知識をどのように理解しているのかについて調べた（Tomasello & Haberl, 2003）。まず子どもと2人の実験者が，順番に2種類のおもちゃを使って遊ぶ。その後，片方の実験者のみが部屋をでる。部屋に残った実験者は子どもと，3つめの新しいおもちゃで遊ぶ。そこへ先ほど部屋を出て行った実験者が戻ってきて，3種類のおもちゃを目の前にして「うわぁ，それ私にちょうだい」と言う。このとき注意すべき点は，その実験者は特定のおもちゃを見るのではなく，3つのおもちゃを均等に見ておもちゃを要求

することである。トマセロらはこの実験条件に加えて，実験者が部屋を出て行くかわりに部屋の隅の方へ移動するという統制条件を設定した。この条件は，移動先の部屋の隅から子どもが遊んでいるところが見えているという点のみが実験条件とは異なる。「ちょうだい」という要求に対して子どもが3つの中でどのおもちゃを手渡すのかを観察する。実験条件では，部屋を離れていた実験者が3つめのおもちゃだけを知らないことをわかっていれば，それを手渡すはずである。結果，18ヶ月児は条件の違いを明確に反映した行動反応を示した。実験条件では，ほとんどの子どもが3つめのおもちゃを手渡したのに対して，統制条件ではそれぞれのおもちゃを手渡す子どもの数に違いはなかった。一方，12ヶ月児では実験条件において3つめのおもちゃを手渡す割合がもっとも高かったものの，他のおもちゃを手渡す子どもも見られた。そこで実験者の一人が部屋を出て行くタイミングを変えて，一つめのおもちゃだけを見ていない条件を追加した。すると，一つめのおもちゃを渡す12ヶ月児の人数がもっとも多く，先ほどの条件とは明らかに異なる選択の偏りが見られた。こうした結果から12ヶ月ごろから他者が見た物と見ていない物とを区別できるようになり，18ヶ月ごろには他者が見たり経験したりしていないものはその人にとって新しいものであり，そういった知らないものに対して人は注意を向けやすいことを理解できるようになることが示された。さらに年齢が上がると，自分の言葉やジェスチャーを使って，ある事象について知らない人に教えてあげようという積極的な行動が見られるようになる。

(4) 他者信念の理解

　他者が信じていること（信念）はこれまで4-5歳にならないと理解できていないとされてきた。「知識」と「信念」は同じ意味として用いられる場合も多いが，信念はかならずしも事実と一致していなくても構わないという点が知識とは異なる。たとえば，Aさんは昨日読みかけの本を机に置いたまま部屋を出た。その後Bさんがやってきて，Aさんが知らないあいだにその本を借りていってしまった。やがて部屋に帰ってきたAさんは本を読もうと本を探

すが見つからない。「おかしいな、ここにさっき置いたはずなのに……」。このときAさんは本が机の上にあると信じているが、実際にはそこには本はないので事実とは異なった考えを持っていることになる。このように事実と異なる誤った信念は「誤信念」とよばれ、事実と一致した正しい信念と区別されることが多い。3-5歳の幼児における他者の誤信念に対する理解力（"心の理論"とよばれる）を調べる課題（誤信念課題）として「マキシー課題」（Wimmer & Perner, 1983）や「サリーとアン課題」（Baron-Cohen, Leslie, & Frith, 1985）が用いられてきた（第4章参照）。

ところが、じつはもっと早い時期から他者の誤信念を理解している可能性をオオニシとベラージョンらが報告し、大きな議論を巻き起こした（Onishi & Baillargeon, 2005）。オオニシらは、15ヶ月児を対象にサリーとアン課題をもとに作られた言語を必要としない課題を実施した。演者の前におもちゃと不透明な2つの箱が用意された。おもちゃが箱から箱へと移動する様子を子どもに見せる。このときに大きく分けて2つの条件が設定されている。一つは演者がおもちゃが移動する様子を一部始終見ている条件、もう一つは途中でスクリーンが下がることによって演者が部分的に見ていない条件である。このような操作によって、前者は演者が事実と一致した正しい信念を持つ状況、後者は演者が事実とは異なる誤信念を持つ状況を設定している。その後、演者がそれぞれの箱に手を入れる様子を見せて、それらに対する注視時間を測定した。結果、予想どおり演者の信念が正しかろうが間違っていようが、演者がそのときに信じていることとそぐわない方へ手を入れた場合に注視時間が長くなった。乳児の期待に違反する事象に対して注視時間が伸びるという特性を考えると、15ヶ月児はすでに他者が心に持つ信念あるいは誤信念に基づいて他者の行動を予測でき、原初的で暗黙的であるかもしれないがすでに心の理論を持っているとオオニシらは主張した。

これらの主張に対して、オオニシらの課題への通過は、演者と事物と場所との連合、あるいは演者が物を探そうとする場合、それを最後に見た場所を探すという行動規則によっても説明できるのではないかというパーナーらによる反

論があった（Perner & Ruffman, 2005）。しかし，その後もさまざまな工夫を凝らした非言語的課題が考案され，これまで考えられていたよりも年齢の低い乳幼児がすでに他者の誤信念に基づいた行動を予測している可能性を示す結果が示されている（Southgate, Senju, & Csibra, 2007; Senju, Southgate, Snape, Leonard, & Csibra, 2011; Kovács, Téglás, & Endress, 2010）。それでも，これらの研究において，パーナーらが示しているような他の能力による説明を完全に否定できたわけではなく，非言語的課題を通過する子どもたちが本当に他者の信念を理解しているかどうかは，いまだ議論が続いている。

4　他者の顔を見て心を感じる

(1)　表情の識別

　他者の目と同様，他者の表情もコミュニケーションにおいて重要な役割を果たしている。私たちは相手の表情変化から，その人が喜んでいるのか嫌がっているのかといった感情を読み取りながら，それに応じて行動を選択している。一見同じような笑顔でも心から喜んでいる笑顔であるのか，それとも心とは裏腹な作り笑顔であるのかある程度わかってしまう。つまり，微妙な顔の形態的変化をとらえて，見えない心の状態を推測することができるのである。

　人はいつごろから他者の表情を見分け，それをもとに他者の心を推測できるようになるのだろうか。乳児が表情を識別しているかどうかを調べるために注視時間を指標とする選好注視法や馴化法がよく用いられてきた（第1章1節(1)，2節(1)参照）。4ヶ月児は喜びや微笑といったポジティブな表情（LaBarbera, Izard, Vietze, & Parisi, 1976）を，7ヶ月児はネガティブな表情（Nelson & Dolgin, 1985）をより長く見ることが示されている。はじめのうちは乳児がよく目にする笑顔に対して選好を示すが，あるときから逆にネガティブな表情を長く見るという逆転現象がおこるようだ。恐怖や怒りといったネガティブな表情を識別する能力は危険を察知してすばやく回避するためには必要不可欠な能力であることを考えると，このように見慣れたものから見慣れないもの

へと注意対象が移ることは、外界を学習するための有効な方略なのかもしれない。ただし、生後7ヶ月の時点では表情の区別はできているが、それはかならずしもその表出された感情の意味を理解していることを意味するわけではない。

(2) 社会的参照行動

　生後9ヶ月近くになってくると、他者の表情を見てその裏にある他者の感情を理解している兆しが見えはじめる。見知らぬ人が部屋に入ってきたり見慣れない物があったりすると、乳児は親の顔をしきりに見る。これは、新奇な事象や曖昧な状況が生じたときに、親の表情や声のトーンを手がかりにそれらの事象についての知識を得ようとする「社会的参照」行動のはじまりである。やがて社会的参照が成熟し、生後12ヶ月ごろには親が示す表情や声に応じて自分自身の行動を調整することができるようになる。

　このような社会的参照能力を調べた有名な実験がある。奥行きに対する知覚能力を測る視覚的断崖を用いたもので、1メートルほどの段差がある床の上に分厚い透明なガラス板が張られている。段差の下にある実際の床が透けて見えるため、奥行きが知覚できる乳児は恐怖のため、このガラス板の上を渡ることができない。この状況で、母親がガラス板をはさんだ向こう側に立ち、乳児に向けて喜び表情または恐怖表情を示す。すると母親が喜び表情を表出した場合、12ヶ月児19名中のうち14名が断崖を渡ったのに対して、恐怖表情を表出したときは誰も渡らなかった (Sorce, Emde, Campos, & Klinnert, 1985)。これほど大掛かりな実験装置を用意しなくとも、たとえば乳児にとって見慣れないおもちゃを用いた場合にも同様の行動変化を確認できる。母親が恐怖の表情を示したときはそのおもちゃに近づくことなく母親のそばにいるのに対して、微笑み表情を示したときはおもちゃに近づく傾向が見られる (Klinnert, 1984)。そして、表情ではなく声のトーンによっても同様の効果が生じる。母親の顔が見えない状態で、12ヶ月児に新しいおもちゃを見せると同時に恐れを表出した母親の声を聞かせた場合は、感情を含まない声を聞かせた場合に比べておもちゃから距離をとり、ネガティブな表情を示す割合が高くなる (Mumme, Fernald, &

Herrera, 1996)。このように，12ヶ月児は曖昧な事象あるいは不安な状況に遭遇した場合に，他者の表情を見たり他者が発する声を聞いたりすることによって，その事象に対する情報を収集し，それに応じて自己の行動を調整できる。

さらに，他者の感情表出に基づいて自己の行動を調整する際には，その情動を発している他者の状態，とくにその他者の視線がどこに向けられているのかも考慮していることが，モーゼスらの次のような実験により明らかにされた（Moses, Baldwin, Rosicky, & Tidball, 2001）。12ヶ月児が新奇なおもちゃを見たとき，その場にいる人がそのおもちゃを見ながら感情表出を行う条件と，その場にいない人が感情を表出した声だけを聞かせる条件を用意した。前者条件のみで，感情の種類に対応した接近回避行動が見られた。つまり，他者の感情と事象とのたんなる連合だけで接近回避が決定しているのではなく，その感情が何に向けられているのかについても把握して，事象に関する確実な情報だけを収集していると考えられる。また，モーゼスらは乳児の行動を詳細に分析することにより，感情が表出されたときに少なくとも1回はその発信者の顔を見ることを明らかにした。そして，表出される感情がネガティブな場合は，ポジティブな場合よりも発信者の顔に視線を向ける頻度が高いことがわかった。さらに，発信者が視線を向けている先にあるおもちゃに対しても視線を向けるという行為が確認された。とくに乳児が見ているものと発信者が視線を向けているものがくい違っている場合に，その回数が増えた。彼らが行った一連の結果により，ある事象と他者の感情表出が同時に呈示された場合，乳児は積極的に感情を発信している人の顔，中でも視線方向を探索することによって発信者と同じものを共有し，事象に関する正しい情報や知識を収集する体勢を確立させていると考えられる。

（3） 他者感情の理解

次に，乳児の社会的参照行動を指標とした実験とは異なり，乳児の視線の動きを計測することで，他者の表情と内的状態との関係をどのように理解しているのかを調べた研究を紹介する。バーナとレガスティー（Barna & Legerstee,

2005)は，選好注視法と馴化法を組み合わせた巧みな方法を用いて，9ヶ月児でもある物体に対して向けられた他者の表情に応じて他者の行動を予測していることを示した。

この実験では，演者Aがある物体に対して「私は好き」と言ってポジティブな表情を示す映像，または演者Bが同じ物体に対して「私は嫌い」と言ってネガティブな表情を示す映像をランダムな順序で見せ（プレ試行），それぞれの画面に対する注視時間を測定する。その後，馴化試行にうつり，演者Aが先ほどの物体を手に持っている映像を見せる。このとき上からカーテンが吊るされていて，子どもから演者の顔が見えないようになっている。重要なのは，演者AとBの服装はまったく同じであるので，子どもは登場人物がどちらの演者であるかこの時点ではわからないという点である。このような刺激を何回も見せ，十分に馴化したところで，テスト試行へうつる。

テスト試行ではカーテンが取り外され演者の顔も見える状況となる。ポジティブ表情の演者Aが先ほどの物体を手に持っている映像，またはネガティブ表情の演者Bが同じ物体を手に持っている映像をランダムな順序で見せ，それぞれの画面に対する注視時間を測定する。もし，他者が物体に向けてポジティブな表情を示したとき，その人がそれを手にすることを予測できていれば，ネガティブ表情の演者Bが物体を手にしているのを見たときに，予測とは異なるので驚いて注視時間が長くなるはずである。

結果は予想どおり，9ヶ月児，12ヶ月児ともにネガティブ表情をした演者Bの映像をより長く見ていた。もともと乳児はポジティブ感情を好むという性質をもっており，たしかにプレ試行ではポジティブな感情表出をより好んで長く見ていた。にもかかわらず，馴化試行を行ったことによって，ネガティブ表情のほうを長く見るという注視パターンの逆転が起こったというわけである。

このように，社会的参照行動を用いた場合よりも少し早い時期から，他者の表情と内的状態との関係を理解している可能性を示唆する結果が得られた。しかし，パラダイム自体が異なるため，直接比較してこの月齢の違いがどのような要因によるものであるかを特定することは今の段階では難しく，今後の展開

が注目されるところである。

5　おわりに──目に見えない心へのアプローチ

　本章では，生後6ヶ月から1歳前半までの子どもが他者の中に心の存在をどのように見出していくのか，その発達過程について紹介してきた。他者が心に思い描く目標の理解にはじまり，知覚，知識，感情，信念とさまざまな心の働きへと広がっていく。乳児期における他者理解の発達過程を概観すると見えてくることは，他者と事物を共有すること（三項関係）がさまざまな心の状態の理解の基盤となっていることである。私たちは視覚，聴覚，触覚などさまざまなモダリティ情報を他者と共有することができる。その中でも，自己─対象─他者という三項関係を築くためには，とくに視覚が有効なモダリティといえる。なぜなら視線を手がかりとして，他者が自分と同じ対象を見ていることを容易に確認できるからである。はじめは実在する対象を目の前の他者と共有することによって，具体的な対象と結びついた他者の知覚を理解することからはじまる。やがて，目に見えない対象や抽象的な概念を共有したり，その場にいない他者と共有したりできるようになる。このような三項関係の質的な変化に伴い，物理世界とは切り離された他者の心的世界を想像する力が芽生えてくるのであろう。

　かなり前から共同注意は社会認知能力の萌芽であるという仮説が提唱されてきた（Tomasello, 1985; Baron-Cohen, 1991）。その後，2歳児時点の文脈に依存した視線や指さしを用いた共同注意行動の産出割合が，4歳児時点の「心の理論」課題のスコアと関係していることが実証的に示された（Charman, Baron-Cohen, Swettenham, Baird, Cox, & Drew, 2000）。また，社会性に困難を示す自閉症児は，共同注意行動に障害が見られるという見解もあり（Dawson, Toth, Abbott, Osterling, Munson, Estes, & Liaw, 2004），共同注意がその後の社会的認知の基盤であるという仮説を支持する証拠も多い。しかしながら，共同注意以外に自己と他者の表象を調整する能力や，メタ表象能力が社会認知能力

の前駆的な能力であると主張する研究グループもあり，心の理論の萌芽については，いまだ議論が分かれるところである。近年は，計測技術の進歩に伴い，乳児を対象とした視線計測や脳機能計測が可能となってきた。それによって行動観察だけではとらえきれなかった乳児の内的な状態をより詳細に調べることができるようになった。さまざまなレベルのアプローチを組み合わせることによって，乳児がどのように他者の心を感じているのかという謎を紐解けるのではないかと期待している。

〈文　献〉

Arita, A., Hiraki, K., Kanda, T., & Ishiguro, H. (2005). Can we talk to robots? Ten-month-old infants expected interactive humanoid robots to be talked to by persons. *Cognition,* **95**, B45-57.

Aschersleben, G., Hofer, T., & Jovanovic, B. (2008). The link between infant attention to goal-directed action and later theory of mind abilities. *Developmental Science,* **11**, 862-868.

Barna, J., & Legerstee, M. (2005). Nine- and twelve-month-old infants relate emotions to people's actions. *Cognition & Emotion,* **19**, 53-67.

Baron-Cohen, S. (1991). Precursors to a theory of mind: Understanding attention in others. In A. White (Ed.), *Natural theories of mind: Evolution, development, and simulation of everyday mindreading.* Oxford: Blackwell.

Baron-Cohen, S., Leslie, A. M., & Frith, U. (1985). Does the autistic child have a "theory of mind"? *Cognition,* **21**, 37-46.

Batki, A., Baron-Cohen, S., Wheelwright, S., Connellan, J., & Ahluwalia, J. (2000). Is there an innate gaze module? Evidence from human neonates. *Infant Behavior and Development,* **23**, 223-229.

Biro, S., & Leslie, A. M. (2007). Infants' perception of goal-directed actions: Development through cue-based bootstrapping. *Developmental Science,* **10**, 379-398.

Butterworth, G. E., & Jarrett, N. L. M. (1991). What minds have in common is space: Spatial mechanisms serving joint visual attention in infancy. *British Journal of Developmental Psychology,* **9**, 55-72.

Charman, T., Baron-Cohen, S., Swettenham, J., Baird, G., Cox, A., & Drew, A. (2000). Testing joint attention, imitation, and play as infancy precursors to language and theory of mind. *Cognitive Development*, **15**, 481-498.

Csibra, G., Bíró, S., Koós, O., & Gergely, G. (2003). One-year-old infants use teleological representations of actions productively. *Cognitive Science*, **27**, 111-133.

Dawson, G., Toth, K., Abbott, R., Osterling, J., Munson, J., Estes, A., & Liaw, J. (2004). Early social attention impairments in autism: Social orienting, joint attention, and attention to distress. *Developmental Psychology*, **40**, 271-283.

Falck-Ytter, T., Gredebäck, G., & von Hofsten, C. (2006). Infants predict other people's action goals. *Nature Neuroscience*, **9**, 878-879.

Farroni, T., Csibra, G., Simion, F., & Johnson, M. H. (2002). Eye contact detection in humans from birth. *Proceedings of the National Academy of Sciences USA*, **99**, 9602-9605.

Gergely, G., Nadasdy, Z., Csibra, G., & Biro, S. (1995). Taking the intentional stance at 12 months of age. *Cognition*, **56**, 165-193.

Hamlin, J. K., Wynn, K., & Bloom, P. (2007). Social evaluation by preverbal infants. *Nature*, **450**, 557-559.

Heider, F., & Simmel, M. (1944). An experimental study of apparent behavior. *American Journal of Psychology*, **57**, 243-259.

Itakura, S., Ishida, H., Kanda, T., Shimada, Y., Ishiguro, H., & Lee, K. (2008). How to build an intentional android: Infants' imitation of a robot's goal-directed actions. *Infancy*, **13**, 519-532.

Johnson, S., Slaughter, V., & Carey, S. (1998). Whose gaze will infants follow? The elicitation of gaze following in 12-month-olds. *Developmental Science*, **1**, 233-238.

Kanakogi, Y., & Itakura, S. (2011). Developmental correspondence between action prediction and motor ability in early infancy. *Nature Communication*, **2**, 341.

Klinnert, M. D. (1984). The regulation of infant behavior by maternal facial expression. *Infant Behavior and Development*, **7**, 447-465.

Kobayashi, H., & Kohshima, S. (1997). Unique morphology of the human eye.

Nature, 387, 767-768.

Kovács, Á. M., Téglás, E., & Endress, A. D. (2010). The social sense: Susceptibility to others' beliefs in human infants and adults. *Science*, 330, 1830-1834.

Kuhlmeier, V., Wynn, K., & Bloom, P. (2003). Attribution of dispositional states by 12-month-olds. *Psychological Science*, 14, 402-408.

LaBarbera, J. D., Izard, C. E., Vietze, P., & Parisi, S. A. (1976). Four- and six-month-old infants' visual responses to joy, anger, and neutral expressions. *Child Development*, 47, 535-538.

Moses, L. J., Baldwin, D. A., Rosicky, J. G., & Tidball, G. (2001). Evidence for referential understanding in the emotions domain at twelve and eighteen months. *Child Development*, 72, 718-735.

Mumme, D. L., Fernald, A., & Herrera, C. (1996). Infants' responses to facial and vocal emotional signals in a social referencing paradigm. *Child Development*, 67, 3219-3237.

Nelson, C. A., & Dolgin, K. G. (1985). The generalized discrimination of facial expressions by seven-month-old infants. *Child Development*, 56, 58-61.

Okumura, Y., Kanakogi, Y., Kanda, T., Ishiguro, H., & Itakura, S. (2013). The power of human gaze on infant learning. *Cognition*, 128, 127-133.

O'Neill, D. K. (1996). Two-year-old children's sensitivity to a parent's knowledge state when making requests. *Child Development*, 67, 659-677.

Onishi, K. H., & Baillargeon, R. (2005). Do 15-month-old infants understand false beliefs? *Science*, 308, 255-258.

Perner, J., & Ruffman, T. (2005). Infants' insight into the mind: How deep? *Science*, 308, 214-216.

Premack, D., & Premack, A. J. (1997). Infants attribute value ± to the goal-directed actions of self-propelled objects. *Journal of Cognitive Neuroscience*, 9, 848-856.

Rizzolatti, G., Fogassi, L., & Gallese, V. (2001). Neurophysiological mechanisms underlying the understanding and imitation of action. *Nature Review Neuroscience*, 2, 661-670.

Rochat, P., Goubet, N., & Shah, B. L. (1997). Enhanced sucking engagement by preterm infants during intermittent gavage feedings. *Journal of Developmental & Behavioral Pediatrics*, 18, 22-26.

Rochat, P., Striano, T., & Morgan, R. (2004). Who is doing what to whom? Young infants' developing sense of social causality in animated displays. *Perception*, 33, 355-369.

Senju, A., Southgate, V., Snape, C., Leonard, M., & Csibra, G. (2011). Do 18-month-olds really attribute mental states to others? A critical test. *Psychological Science*, 22, 878-880.

Sorce, J. F., Emde, R. N., Campos, J., & Klinnert, M. D. (1985). Maternal emotional signaling: Its effect on the visual cliff behavior of 1-year-olds. *Developmental Psychology*, 21, 195-200.

Southgate, V., Senju, A., & Csibra, G. (2007). Action anticipation through attribution of false belief by 2-year-olds. *Psychological Science*, 18, 587-592.

Tomasello, M. (1985). Joint attention as social cognition. In C. Moore & P. J. Dunham (Eds.), *Joint attention: Its origins and role in development*. Hillsdale, NJ.: Lawrence Erlbaum Associates. pp. 103-130.

Tomasello, M., & Haberl, K. (2003). Understanding attention: 12- and 18-month-olds know what is new for other persons. *Developmental Psychology*, 39, 906-912.

Wimmer, H., & Perner, J. (1983). Beliefs about beliefs: Representation and constraining function of wrong beliefs in young children's understanding deception. *Cognition*, 13, 103-128.

Woodward, A. L. (1998). Infants selectively encode the goal object of an actor's reach. *Cognition*, 69, 1-34.

第4章
幼児はどのように他者の心の理解を深めていくのか

片山伸子・守田知代

　第4章では，第3章から続いて，幼児期の心の理解についてとりあげる。前章では，およそ1歳前半までのメンタライジングについて扱われたが，本章では，およそ1歳半から6歳前後までの幼児のメンタライジングについて検討する。

　幼児期のメンタライジングに関わる研究としては「心の理論（theory of mind）」とよばれる学際的な研究領域がある。本章3節で紹介する「マキシ課題」や「スマーティー課題」を実験課題として用い，その結果から幼児の心の理解を検討するものである。先行研究からはおおむね4歳から就学前には課題に答えられるという結果が得られている。しかし第3章で見たように心の理解に関わる他者の表情理解や，「見る・知る」の関係といったものは乳児期においても成立しているし，社会的参照（第3章4節（2）参照）も12ヶ月ごろには成立し，他者の気持ちにあわせて行動を変化させることが可能である。保育園などで2，3歳児を観察すると，一見わがままに振る舞っているように見えても，周囲の大人や同年齢の行動をよく見ているし，泣いている子どもがいれば側によって慰めようとする姿も見られる。

　2，3歳児の心の理解に関する検討は4歳児以降と比較して進んでいない。この解明が進んでいない時期（15ヶ月〜36ヶ月児）をメルツォフら（Meltzoff, Gopnik, & Repacholi, 1999）は「ダークエイジ（dark age）」と名付けた。彼らは0歳児ほどおとなしく椅子に座り画面を見つめてくれるわけでもなく，4歳児のように言語教示を理解し言語で答えられるほど言語が発達しているわけでもない。こうした理由から今まで発達心理学の中で行われてきた視線計測や言

語教示といった実験手法を用いることは難しかった。しかし近年，事物の選択や模倣など言語以外の行動指標が使われるようになり，2，3歳児の子どもたちの心のメンタライジングが検討されてきている。本章では実験に乗りにくい年齢の子どもたちの発達を探るさまざまな試みを紹介していく。

　人に対するメンタライジングとともに，私たちは人以外のものにも心を持つかのような反応を見せることがある。大人になっても私たちはアイボやアシモなどが動く場面を見れば「これは機械だ」と思っていても，何かしらその動きの中に心的な意味を見いだそうとする。人や犬の形をしていない冷蔵庫や洗濯機でも，上手く動かないときは「機嫌が悪い」などという表現を使ったりする。本章では，幼児期のメンタライジングの発達について検討し，次に，私たちが行ったロボット（ロボビー）を使った実験を紹介しながら，人工物に対する幼児の理解を検討する。

1　子どもの心の理解の発達——他者の意図に気づく

　人の行動を見るとき，私たちは「何かしたい」という意図（intention）をその中に見る。人が走っていれば「遅刻しそうなのだろうか？」と考え，コップに手を伸ばせば「取りたいのだろう」と解釈する。このような人の意図は目に見えないが，行動の裏に確実にあるものとして考えられている。乳幼児は人の意図をどのように理解していくのだろうか？

（1）　相手の意図を感じて模倣する

　新生児模倣を研究したことでも知られるメルツォフ（Meltzoff, 1995）は，模倣を利用して乳児の意図理解を検討した。この実験は，実験者が呈示する模倣すべき動作が完遂していない点が特徴である。
　実験は18ヶ月児を対象に行われた。実験Ⅰでは，乳児は2つの実験群と2つの統制群に分けられた。実験群（デモンストレーション（ターゲット））は，実験者が乳児の前で新奇なおもちゃを使ってターゲット行動（たとえば小さいダ

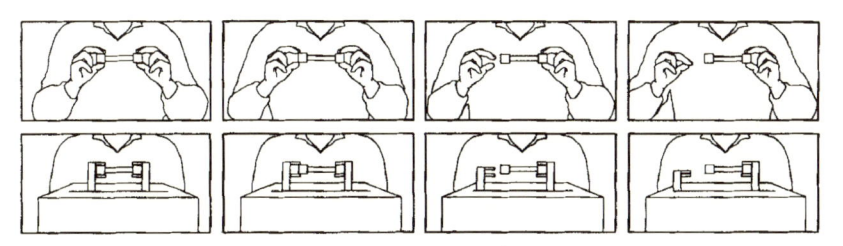

図 4-1 幼児に呈示された模倣の手続き
(注) 上段が人,下段は機械(ピンチ)を示す。
(出所) Meltzoff, 1995

ンベルのようなおもちゃの両端を持ち,外側に引っ張り,端の部分がはずれる)を示す。もう一つの実験群(デモンストレーション(意図))では,実験者はターゲット行動を完遂しない。ダンベルのおもちゃであれば外側に引っ張るが,端の部分ははずれない。統制群は 2 群設定され,まずベースライン群としておもちゃを乳児の前に置き,おもちゃに対する自発行動が調べられた。もう一つの統制群は,実験者の呈示による影響を調べるため,大人がおもちゃをとって呈示を行うがターゲット行動は示さないという手続きをとった。乳児はおもちゃを渡されてターゲット行動を示すかどうかが調べられた。2 つの統制群と 2 つの実験群を比較すると,実験群の乳児においてターゲット行動が多く見られた。注目すべきは,2 つの実験群間を比較するとターゲット行動の数は変わらなかったことである。つまり,乳児はたんなる実験者の模倣ではなく,実験者の意図を感じ完遂しない行動を完遂したと考えられる。

実験Ⅱでは,実験Ⅰの実験群(デモンストレーション(意図))と同じようにおもちゃを操作するが,行動は完遂しない。そのおもちゃを動かすエージェントとして,機械と人が設定された(図 4-1)。乳児は 2 群に分けられ,ヒト・デモ群と機械・デモ群に割り振られた。

乳児は実験Ⅰと同じようにターゲット行動を示すかどうかを調べられた。結果から,モデルが人のとき(ヒト・デモ群)に,乳児は完遂しない行動を完遂する傾向があることが示された。

実験Ⅰ・Ⅱの結果は,18ヶ月児は行動を意図を持ったものだと理解している

ことを示している。また実験Ⅱの結果からは，乳児が行動を完遂し，モデルが意図を持つと判断するのは，人がモデルのときであり，乳児は意図が人に特有の心的な特性であることを理解していると考えられる。

(2) 相手の状態を理解して模倣する

　ゲルゲリーら（Gergely, Bekkering, & Király, 2002）は，14ヶ月児を対象に乳児の模倣を指標として相手の意図や状態をどのように理解するのかを検討した。模倣すべき行動として，メルツォフ（Meltzoff, 1988）の実験で新奇な行動として用いられていた「パネルスイッチのついたおもちゃのボックスのスイッチを頭でおしてライトをつける」という行動を使用している。この実験ではメルツォフの実験と同じようにおでこでスイッチを押してライトをつけるのだが，実験者の手が操作されている。一つめは手が自由に動く状態で机に手をついておでこで押す条件，もう一つは布で手が覆われ手が動かない状態でおでこで押す条件である。結果は，乳児がおでこでスイッチを押す模倣をしたのは，腕が覆われていない条件でより多く見られた。14ヶ月児であっても行動をたんに模倣するのではなく，相手の状況に合わせて選択的に行っていることがわかる。

　人の意図は目には見えない。しかし，第3章2節（1）で示された実験結果からもわかるように，行為者の行動目標を推測する能力は早くから発達する。同様に行為者の意図を推測することも早くから理解されているようだ。

2　見られること・見えの違いを理解する

　第3章でも示されたように，見ることや聞くことによって何かを知ることは乳児でも理解している。「目」や「視線」は他者の心を知る重要な情報源である。本節では乳児が見ることと他者の心的状態の関連をどう理解していくのか，また，他者の見えをどう理解していくのかについて考える。

（1） 他者から見られていることと他者の感情の関係を理解する

　レパコリ（Repacholi, 1998）は14ヶ月児と18ヶ月児が参加した実験において，どちらの月齢でも実験者が箱を見たときの表情を見て，箱の中味を触るかどうか判断できることを示した。この実験では実験者は乳児に対して直接表情を向けているが，人の感情表出は他の多くの人に影響を与える。たとえば電車の中で誰かが怒った表情を見せている。その表情は特定の人に向けられたものではないが，車内の周りの人がその表情を読み取り近寄らないようにすることは，集団生活を送る上で重要なスキルの一つであろう。

　レパコリとメルツォフ（Repacholi & Meltzoff, 2007）は，従来の社会的参照の研究は乳児に直接感情を呈示する方法が多いが，実際の社会生活ではそばで見ることからも社会的参照を行っていると指摘した。彼らが行った実験では，18ヶ月児の目の前で実験者と感情表出者という2名が新奇なおもちゃを扱う場面を観察するが，実験者も感情表出者も乳児を見ていない。実験条件は怒りの感情表出がある条件とない条件，怒りの感情表出者が表出後不在になる条件の3条件が設定された。実験者と感情表出者のやりとりが終わった後，新奇なおもちゃが子どもの前におかれる。「子どもがおもちゃを取るまでの時間」「実験者の行動を模倣するかどうか」「乳児の表情」などが調べられた。結果は，乳児自身に向けられた感情表出でなくても乳児はそれを参照し，怒りが表出される条件では，怒りがない条件や怒りの感情表出者の不在条件と比較して模倣をせず，おもちゃを持つまでに時間がかかるといった傾向が見られた。実験Ⅱでは乳児がおもちゃを渡されて反応するときの，感情表出者の顔の向き（怒りの感情表出者が乳児を向いているかどうか）が条件として設定された。結果は怒りの感情表出者が乳児に顔を向けている条件では，おもちゃを触るまでに時間がかかったり，模倣をしない傾向が見られた。

　レパコリらの実験は乳児は相手が自分を見ていなくても相手を観察し，自分の行動を調整できることを示すものであったが，自分が相手から見られているかどうか判断できることも重要である。集団の中で誰かが怒った表情をしていても，その人が自分を見ていなければその怒りは自分に向けられていない，と

ひとまずは判断できる。

　他者から見られていることと他者の感情理解については，レパコリら（Repacholi, Meltzoff, & Olsen, 2008）が18ヶ月児を対象に検討している。レパコリとメルツォフ（Repacholi & Meltzoff, 2007）の実験のように，乳児の前で実験者が新奇なおもちゃに対してある行動をとり，それに対して感情表出者が感情（怒りとニュートラル）を出す。乳児はそれを見た後におもちゃを渡される。実験Ⅰでは，おもちゃを渡して反応を見る間の乳児に対する感情表出者の注意の有無（雑誌を読んでいるか乳児を見ているか）が条件として設定された。実験Ⅱでは，乳児がおもちゃを渡されて反応するときに，感情表出者の視線の有無（目を開けているか閉じているか）が条件として設定された。乳児の模倣行動と，事物に触るまでの時間，感情表出者の表情を見るかどうかが調べられた。結果からは，怒った言動と表情をとった感情表出者がいても，自分に注意や視線が向けられていない（雑誌を読んでいたり目をつぶっている）ときは，向けられたときと比較して模倣を行う傾向が見られ，おもちゃを取るまでの時間も早くなっていた。乳児は相手が自分を見ていなければ相手の感情は自分に向けられていないと判断できる。つまり相手の見えと感情の関連を理解し，それを参照して自分の行動を調整できていると考えられる。

（2）　他者と自分の見えの違いを理解する──視点取得

　レパコリらの実験は，他人から見られているかどうかの区別に関する理解が検討されていた。しかし，私たちは，見ることについてたんに自分が見られているかどうかを判断するだけではなく，自分からは見えているが人からは見えないという見え方の違いを区別することができる。たとえば，私はこの看板を見ることができるけれど，Aさんの立っている位置からはビルが邪魔になって看板は見えないだろうと考えることなどである。

　フラベルら（Flavell, Shipstead, & Croft, 1978; 1992）は，見えの違いを理解することを「視点取得（perspective taking）」の問題としてとらえた。彼は視点取得を2つのレベルで考えている。まず，レベル1の視点取得は，ある人の

位置からは何が見えるかを理解することである。これは先ほどの例のように，相手と対象物，自分の間に衝立があって，自分からは見えるけれど衝立のために相手からは見えないという状態を理解することである。次にレベル2の視点取得は，相手にとって何が見えるかだけではなく，どう見えるかが問題となる。同じ人形を見ていても，私からは人形の顔が見えているけれど，向かい合ったAさんからは人形の後ろ姿が見えているのだなと理解することがこれにあたる。幼児の自己中心性を示す課題としてよく例にだされる「3つの山課題」（Piaget & Inhelder, 1967）はレベル2の視点取得が必要とされる課題である。3つの山課題とは，山が3つある立体模型を使い，自分が見ている模型の眺めと別な位置からの眺めを判断できるかどうか調べる課題である。山の配置は見る位置によって異なってくるため，「見えない・見える」という区別だけではなく，「ある位置からはどう見えるのか」を判断する必要がある。

モルとトマセロ（Moll & Tomasello, 2006）は18ヶ月児と2歳児を対象として，レベル1の視点取得の理解を検討している。実験状況は幼児と実験者が向かい合っており，おもちゃが2つと遮蔽物としてバスケットが用意されている。子どもの側からは2つのおもちゃが見えるが，実験者の側からはバスケットがあるため，一つのおもちゃしか見えない。実験者は2つの場所（見えているおもちゃとバスケット）を交互に見た後，不満足な表情を浮かべ「見つけられない」と発言し，探す動作を見せる。統制条件では，探す動作は見せず，交互におもちゃとバスケットを見ておもちゃを要求した。

子どもの反応を調べた結果，実験条件では2歳児は18ヶ月児と比較して実験者から見えていないおもちゃを渡す割合が高かった。実験者の「見つけられない」という発言にあわせて，自分からは両方見えているが，実験者側から隠れているおもちゃはどちらかを区別できていたということになる。ここから2歳児になれば，レベル1の視点取得，他者からの見えと自分の見えを区別して捉えることができると考えられる。

次にレベル2の視点取得はいつごろ獲得されるのであろうか？　モルとメルツォフ（Moll & Meltzoff, 2011）は3歳児を対象に，3つの山課題のような難

しい課題を使わずに，レベル2の視点取得を調べる実験を行っている。

　実験では，色のついたカラーフィルターを用いることで自分から見た色と相手から見た色を変えるという手続きをとった。先ほどの実験と同じように実験者と子どもが向かい合わせに座り，おもちゃが2つ用意される。実験者側から見て片方のおもちゃの前には色つきのフィルターがかかっており，これを通して見ると色が変わって見えるようになっている。幼児に色の名前が理解できているか確かめ，フィルターの役割を理解させた後，実験者が特定の色のおもちゃが欲しいと要求する。この課題は，幼児側から見ると同じ色の同じ事物が並んでいるが，実験者側から見るとフィルターがかかっているので一つは異なる色に見えている。実験に参加した幼児は，実験者の要求に合わせて実験者からの色の見えを考慮した判断ができていた。次の実験では，フィルターのどちら側に絵を置くのか（実験者が見たいと言った色に合わせてフィルターの前に置いたり，後ろに置いたりして色を異ならせる）が課題として出され，3歳児は相手の見えに合わせた反応を行っていた。ここから，彼らは「どう見えるか」というレベル2の視点取得は3歳ごろに獲得されると結論づけている。

　第3章3節（1）でも見たように，人の新生児は目に対して非常に敏感であることが知られている。「見る」ことは聞くことと同様に，さまざまな情報を個体にもたらしてくれる。1歳半になれば，ごく初期の状態ではあるが「見られている」ことが意識され，見ている人の感情に合わせた振る舞いが生まれてくる。2，3歳になれば「視点」という他者と自分の見えの違いが理解されてくる。

3　他者の欲求と信念に気づく

　私たちは，個人個人異なった好みを持っている。同じものに対しても，違う感情を持っているのである。こうした違いを知ることは社会生活を円滑に送る上では欠かせない。他者の欲求（desire）を推測することはいつごろから可能になるのだろうか？　さらに，私たちは個々人異なった信念（belief）を持つ。

一つの同じ事態に対しても異なった考えを持ち，その考えや信念は事実や現実と異なる場合もある。こうした自分と異なる他者の信念を推測することはいつごろから理解できるのであろうか？　本節では信念と欲求の理解について扱う。

（1）　他者の好み，欲求を理解する

　ウェルマンとウーリー（Wellman & Woolley, 1990）は，2歳児（2歳半ごろから3歳すぎが対象児となっている）は行動を「〜したい」という欲求の側面から予測することができるし，さらに欲求に関する推論課題に通過することを示した。

　ウェルマンらの実験では物語が呈示されていたが，レパコリとゴプニク（Repacoli & Gopnik, 1997）は，子どもの好きなクラッカーと多くの子どもがあまり好きではないブロッコリを使って，興味深い実験を行っている。実験では14ヶ月児と18ヶ月児を対象に，実験者と交換ゲームをして遊び，その中でクラッカーとブロッコリを使い好みを調べておく。その後，実験者が2つの食べものを食べるふりをして，指定された表情（どちらかに対しては好ましい表情を，どちらかにはまずそうな嫌悪の表情）を浮かべる。クラッカーとブロッコリが入ったボウルを乳児の手の届くところに置きなおし，実験者がリクエストをする。乳児がクラッカーとブロッコリのどちらを渡してくれるかが調べられた。

　乳児の好みに関しては，ほとんどの乳児がクラッカーを好み，それは実験者の呈示後も変化しなかった。どちらを渡すかに関しては，14ヶ月児は自分の好みをほぼ優先させ実験者の表情の影響は見られない。しかしながら18ヶ月になると，乳児自身の好みと一致しない事物（ブロッコリ）でも実験者の好みに合わせて手渡すことができる。さらに，18ヶ月児群の中でもより月齢の高い乳児ではより他者の欲求を考慮した行動を示していた。18ヶ月児でも自己中心的な行動は取らず，相手の欲求を考慮に入れて行動できることが明らかとなった。

　ラコツキーら（Rakoczy, Warneken, & Tomasello, 2007）は，レパコリらの実験はクラッカーとブロッコリという2つの物に対して個別に好悪が付与されている（子どもはクラッカーが好きで実験者はブロッコリが好きというように）

と指摘した。通常，クラッカーが好きな人もいれば嫌いな人もいる。彼らは，一つのものに対して一人は好きだが一人は嫌いという相互に相容れない状況における欲求の理解を検討するほうが，欲求の主観的な側面の理解を検討できると考えた。そこで3歳児を対象に，一つの対象に対して異なる感情が付与される課題を呈示した。一つのボートに乗っている2人が別々の方向に行きたい（非両立条件）と，2人が別々のボートに乗り別々の場所に行きたい（両立条件）が用意された。風が吹いて一方が好む場所にいってしまった際の登場人物の気持ちや欲求を推測させたところ，どちらの条件でも3歳児は登場人物の欲求や感情を推測することが可能であり，欲求の主観的な側面を理解していることが示された。

（2） 欲求と信念の理解

他者の欲求や信念を理解することは，どちらも同じように他者の心を推測することであるが，図4-2にはその違いが示されている。たとえば，AさんとBさんがリンゴを見て，Aさんが「リンゴが欲しい」という欲求をBさんが推測する場合（図4-2の上側），外界にある物について内的な推測を行う。一方，信念は「相手がそう考えていること」を考える必要がある。Aさんが目の前のリンゴを「リンゴだと考える」ことをBさんが推測する場合（図4-2の下側），Bさんは，Aさんの心の中にあるリンゴについて考える必要がある。また，欲求と信念は，同時に表れることもある。スーパーに入る人を見れば，「入った人は何か買うだろう」という信念と「何かほしいのだ」という欲求の推測が行われる。

ラコツキーら（Rakoczy et al., 2007）の実験では，本節（3）で述べる誤信念課題を行っている。欲求の課題には正答する幼児は誤信念課題にはほとんど正答できなかった。またウェルマンらの実験結果（Wellman & Woolley, 1990）からも欲求の理解が信念に先立つことが示されている。

このように欲求と信念の理解に関しては，非対称（課題を通過する年齢がずれる）という実験結果も出ているが，その成立過程においては，心の理論研究

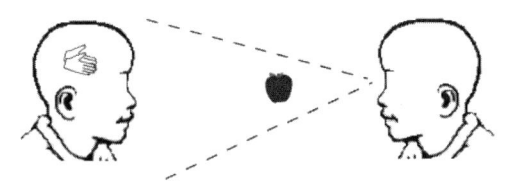

第4章 幼児はどのように他者の心の理解を深めていくのか

欲求（リンゴが欲しい）

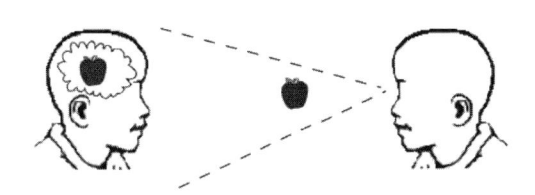

信念（リンゴだと考えている）

図4-2 欲求と信念の理解
（出所） Wellman, Cross, & Watson, 2001 を改変

とも関わってさまざまな検討が行われている（Leslie, Friedman & German, 2004；Leslie, German, & Polizzi, 2005；Rakoczy, 2010など）。

（3） 心の理論課題

信念の理解に関しては「心の理論（theory of mind）」とよばれる研究領域において検討されてきた。「心の理論」という言葉は，プレマックとウッドラフ（Premack & Woodruff, 1978）が霊長類のあざむき行動などを説明するために提出したものである。続いてこの考え方を元にして誤信念課題が作られ，幼児の心の理論の発達を調べる課題として使われるようになった。

誤信念課題にはさまざまなバリエーションがあるが，主要なものとして「マキシ課題」（Wimmer & Perner, 1983）や「サリーとアン課題」（Baron-Cohen, Leslie, & Frith, 1985）という名称で知られる物体の場所の移動に関する誤信念を問う課題と，「スマーティー課題」（Perner, Leekam, & Wimmer, 1987）として知られる内容物の変更に関する誤信念を問う課題がある（第3章3節（4）

99

II 心の理論

これはサリーです。 これはアンです。
サリーは、カゴをもっています。 アンは、箱をもっています。

サリーは、ビー玉をもっています。サリーは、ビー玉を自分のカゴに入れました。

サリーは、外に散歩に出かけました。

アンは、サリーのビー玉をカゴから取り出すと、自分の箱に入れました。

さて、サリーが帰ってきました。 サリーは自分のビー玉で遊びたいと思いました。

サリーがビー玉を探すのは、どこでしょう？

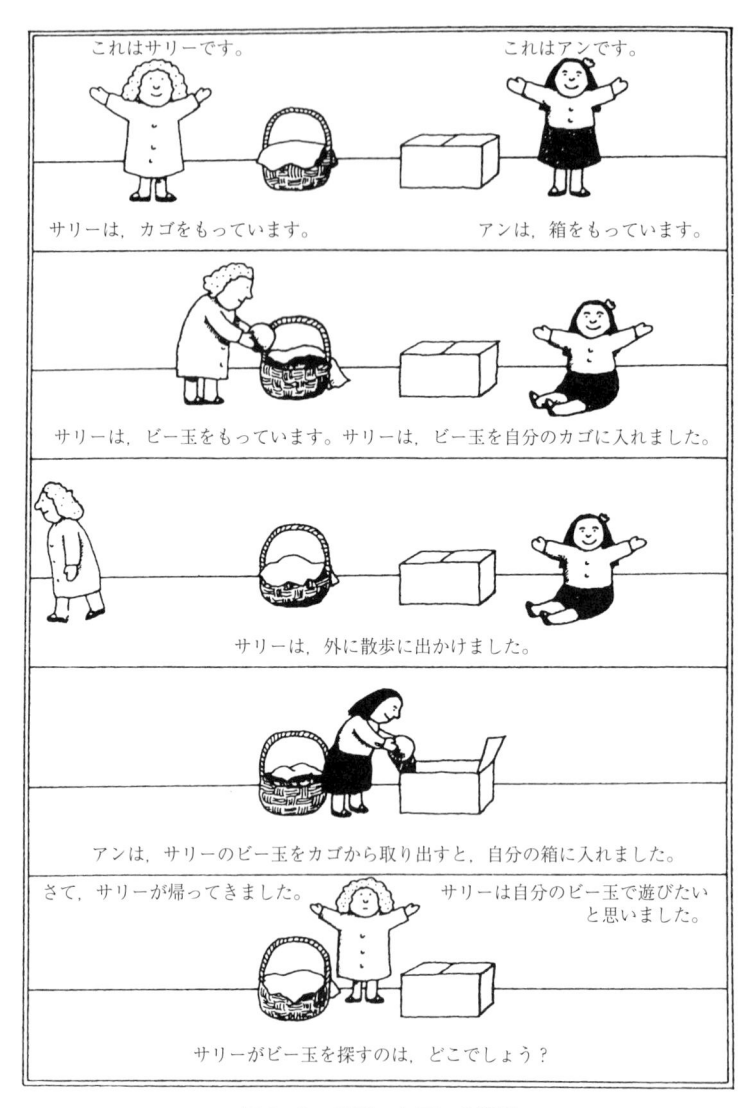

図4-3 サリーとアンの課題
（出所）フリス 富田・清水（訳），1991，p. 271.

も参照)。

　サリーとアンの課題(図4-3)を例にとると,登場人物はサリーとアンの2名の子どもである。それぞれカゴと箱を持っている。サリーはビー玉をカゴに入れ,遊びにでかける。アンは,サリーのビー玉をカゴから取り出し箱に入れる。サリーは戻ってきてビー玉を取りたいと思う。ここで「サリーがビー玉を探すのは,どこでしょう」というのが問題である。被験者はアンの行動を見ているので,今,本当はビー玉がどこにあるのかを知っている。被験者は,自分が知っている今あるビー玉の場所ではなく,サリーの信じている場所を答えなければならない。

　「スマーティー課題」の場合,ある菓子の箱を対象児に見せて何が入っているかと聞く。次に実際に箱の中を見せ,お菓子の箱から想像して当然入っていると思われるお菓子が入っていないこと(通常は鉛筆などが入っている)を確認する。その後,中味を見ていない他の子どもがこれを見たら何というかを答えさせる課題である。箱の中には期待されるお菓子が入っていないという事実ではなく,お菓子の箱の中にはお菓子が入っているはずだという他者の信念を答える必要がある。

　標準的な誤信念課題は3歳児では答えることは困難で,4歳ごろから正解に達すると考えられている。さらに,バロン・コーエンら(Baron-Cohen et al., 1985)は,自閉症児はこの課題に正答することが難しいことを明らかにした。

　子安・木下(1997)は,1980年代以降の心の理論研究は主に4つの研究分野(哲学研究・霊長類研究・発達心理学研究・自閉症研究)で発展したと述べ,発達心理学分野においては,メタ表象の能力としての〈心の理論〉の発達過程や,さらに難しい二次的誤信念課題(Aさんは物Xが場所Yにあると思っているとBさんは信じている)の理解などが検討されてきたとしている。

(4)　心の理論課題の展開

　1980年代以降,心の理論研究に関してさまざまな研究が行われてきた。その中でウェルマンら(Wellman et al., 2001)は誤信念課題を題材にしたり,心の

II 心の理論

理論を扱った研究論文を題材に内容のメタ分析を行っている。使用した論文は日本を含む世界各国で行われた77論文，178の研究で報告されている591課題であった。彼は研究を参加児の年齢，課題を通過した，または落ちた参加児の割合，研究が実施された地域，課題の内容などの観点から細かく分析した。その結果，課題別に分析すると課題の呈示方法や課題の構造によって通過率は異なっているが，おおむね3-5歳ごろに通過する割合が上昇していくことを明らかにした。実施された地域別に課題の通過率を見ると，アメリカ，イギリスの結果と比較してオーストラリアとカナダは幾分高く，オーストリアと日本が幾分悪いという地域差が見られた。

現在の心の理論研究は，誤信念課題を行いその通過年齢を明らかにするのではなく，個人差やそれを生み出す要因の検討へと変化している（内藤，2007）。その中で，ウェルマンとリュ（Wellman & Liu, 2004）は多面的な「心の理論」の発達を提唱している。彼らは誤信念課題と関連するであろう意図理解や欲求理解の課題を分析し，7つの課題を取り出した。次に課題を3，4，5歳児に実施し，その発達段階を調べている。課題には，前節（1）で紹介したレパコリらの実験を元にした異なった欲求（diverse desire：子どもと他者が同じものに対して異なった欲求を持っているかを理解しているか）課題，異なった信念（diverse belief：他者は自分と異なった信念を持つことを理解しているか）課題，見かけの感情理解（real-apparent emotion：感情と見かけの表情が異なることを理解しているか）課題などが含まれている。彼らの結果からは通過する時期は課題毎に異なっており，異なった欲求課題がもっとも易しく，見かけの感情理解はもっとも難しいという結果が得られている。東山（2007）は日本の3歳から6歳の幼児計120名を対象に，上記7つのうち5つの課題を行いそれぞれの課題通過率を検討し，日本の幼児は欧米と比較するとどの課題も誤信念課題と同様に通過率が低いが，通過する順序はほぼ同じであることを示した。

4 ロボットに感じる「心」

 これまで見てきた実験で対象とされてきたのは人の心についての理解であった。では，機械ではあるが，人と同じような動きをするロボットに対して，子どもはどのような反応を示すだろうか？ 本節ではヒューマノイドロボット・ロボビー（ATR研究所作成）を用いたメンタライジングの研究を紹介する。

（1） ロボビーの意図を理解する
 まず，第3章2節（2）で紹介したファルケ‐ヨッターら（Falck-Ytter, Gredebäck, & von Hofsten, 2006）のボールを運ぶ実験を取り上げる。彼らの実験では人がボールを運んでバスケットに入れる画像とボールがひとりでに動いてバスケットに入る画像の注視を調べていた。私たちの実験では，同じように乳児の注視する時間を調べるが，人とロボビーが登場人物となっている（図4-4）（Komori, Shimada, Morita, Kitazaki, & Itakura, 2008）。刺激は，3つのボールを一つずつつかみ，バスケットに入れていく動画が用意された。ファルケ‐ヨッターらの実験と同じように顔部分は画面からは削除された。
 12ヶ月児と成人が参加し，ヒト条件かロボビー条件かどちらかに割り振られ，動画を9回視聴しその間の視線の動きが調べられた。
 分析においては，ゴール（バスケット）とスタート（ボール）の領域を設定した。画面上でボールに手が行く前に視線がボール領域にどれくらい先行しているか，バスケットにボールが入る前に，視線がバスケット領域にどれくらい先行しているかが調べられた。結果は，動かす主体がロボットでも人でも，先行研究のようなバスケット（ゴール）への視線の先行は見られず，逆にボールのある場所に手が取りに行くより先に視線が移る傾向があった。また成人と12ヶ月児を比較すると成人の方が早くボールに目を移す傾向があった。ファルケ‐ヨッターら（Falck-Ytter et al., 2006）の先行研究はバスケットに顔があったり，入ると音がしたりといった画面上の工夫がなされており，よりバスケット

Ⅱ 心の理論

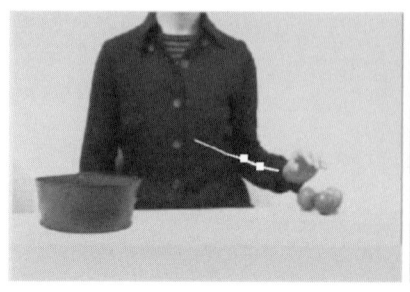

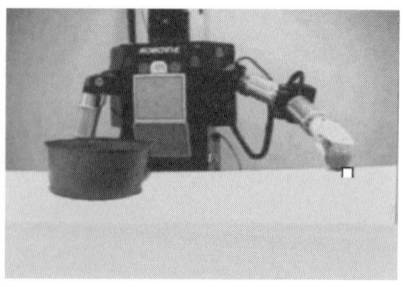

図4-4 使用された刺激
(注) 図中の線は視線の動きを示す。左が人，右がロボット。
(出所) Komori et al., 2008

を魅力的にしていた可能性がある。本実験ではバスケット領域というゴールには視線は先行しなかったが，ボールの場所へ手が取りに行くより先に視線が行くということは，乳児は「そこに手が行く」という予期を行っていたことを示している。この予期的視線がボールを動かす主体が人でもロボットでも起こったことは，12ヶ月児はロボットの行動も人間と同じように，ある種の目的を持ったものと考えているらしい。

次に，メルツォフの行った意図模倣の実験（1節（1）参照）を取り上げる。実験Ⅱにおいて登場するモデルは人と機械だけであり，人がモデルの場合，乳児は完遂しない行動を最後まで遂行する。では，人ではないロボットのロボビーでも同じような結果が得られるだろうか？ 板倉ら（Itakura, Ishida, Kanda, Shimada, Ishiguro, & Lee, 2008）の実験では，人の代わりにロボビーが動作を行う。メルツォフの実験では人の顔は見えず，首から下が見えるだけであったが，ロボビーは上半身が見えている。刺激映像では，横に男性がおりロボビーにおもちゃを渡す役割を行う。ロボビーがおもちゃを渡す男性の方に首を動かしてアイコンタクトを取るような動きをし，続いておもちゃをもらい正面を向いて動作を行う条件と，首を動かさずにおもちゃをもらい，動作を行う条件が新しく設定された（図4-5）。先行研究と同様に，ターゲット行動が完遂しない場合とする場合の2条件が設定され，結果として4つの実験条件と，統制条

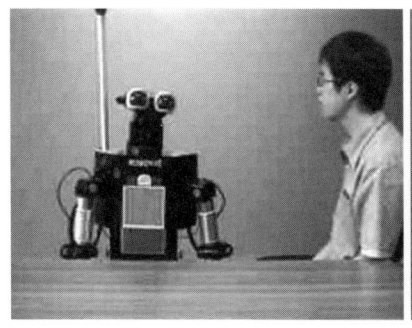

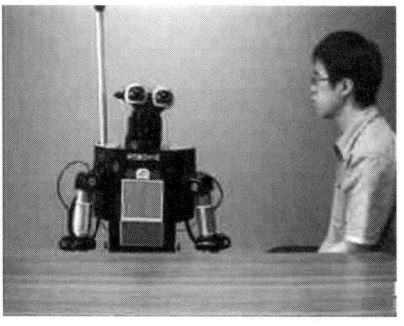

第4章 幼児はどのように他者の心の理解を深めていくのか

図4-5 実験で使用されたビデオ
（注）左がアイコンタクト条件で，ロボビーが男性の方を向く動作をしておもちゃを渡される。右がアイコンタクトなし条件で，ロボビーは男性の方を向かない。
（出所）Itakura et al., 2008

件（ダンベルなど用具だけを渡してターゲット行動の出現頻度を見る）合計5つの条件が設けられた。

実験に参加したのは平均月齢30ヶ月の幼児であった。実験条件では幼児はロボビーの映像を見た後，おもちゃを渡されてターゲット行動を示すかどうかが調べられた。

結果を図4-6に示す。統制条件（ベースライン）と行動非完遂でアイコンタクトなし条件を比較すると，模倣頻度（ターゲット行動を示す頻度）に有意な差はなかった。統制条件と行為非完遂＋アイコンタクトなし条件の2条件と，他の3条件（行動完遂＋アイコンタクトあり・行動完遂＋アイコンタクトなし・行動非完遂＋アイコンタクトあり）を比較すると幼児の模倣回数には有意な差が見られた。行動が完遂する条件では，アイコンタクトがあってもなくても，模倣頻度に有意な差はなかった。

この結果から，ロボットという機械が例示を行っても幼児はメルツォフらの実験と同じように行動を完遂させて模倣することがわかった。今回の実験ではメルツォフらの実験より年長の幼児が参加しており，模倣できたこと自体は驚くべきことではない。より重要な点はロボビーが模倣を行う前の動作によって幼児の模倣頻度が変化したことである。ロボビーが行動を完遂しなくても，他

Ⅱ　心の理論

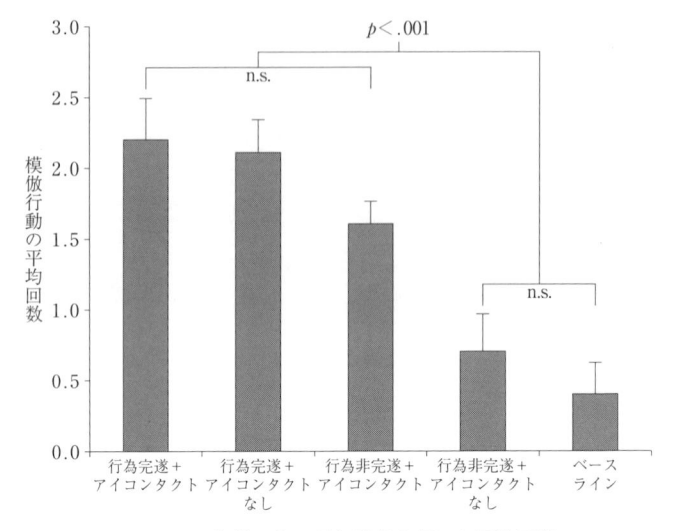

図4-6　条件ごとに見た模倣を行った平均回数
（出所）Itakura et al., 2008

者とアイコンタクトをとると，完遂したときと同程度まで模倣頻度が上昇していた。

　第3章3節（2）で取り上げられた奥村ら（Okumura, Kanakogi, Kanda, Ishiguro, & Itakura, 2013）の実験では，ロボビーに人の目の構造と類似した目をつけた場合に，乳児はロボビーの視線の追従を行う。第1章3節で紹介した身体運動知覚の実験においても，画面上には人の目など顔のパーツがないにもかかわらず，9ヶ月児や12ヶ月児はロボット刺激の顔部分，特に人の目にあたる領域を見にいこうとしていた（守田・片山・北崎・板倉，2010）。目の存在は人らしさを決める重要な要素なのであろう。しかし，目があるだけでは十分ではない。奥村らの実験では，乳児はおもちゃに対する人の視線もロボットの視線も追従するが，その後に行われた2つのおもちゃの選好課題では，選好に偏りが見られたのは人の画像を見た乳児たちであった。このように考えると，目の存在だけでなく人の方を向くというコミュニカティブな場面を設定したことが，幼児に意図を感じさせる要因になったことがうかがえる。

（2） 幼児のロボビーに関する知識判断

　では，実際，子どもたちはロボットをどういう存在として見ているのだろうか？　犬型のロボットを用いて藤崎・倉田・麻生（2007）は年長児（5-6歳）と年中児（4-5歳）を対象にロボットに対する認識を検討している。犬型のロボットと遊んだ後，生物認識や心的状態に関わる質問を行った。生命認識（「ロボット犬は生きている」）と回答していた幼児は約半数であった。一方，心的機能（「かわいいと言うと喜ぶか」など）に関しては生命認識より高い割合で「はい」と回答していた。こうしたことから考えて，一定数の子どもがロボットに関しては無生物であると見なしながら，生物属性や心的な機能を付与していることが推測される。

　片山ら（Katayama, Katayama, Kitazaki, & Itakura, 2010）はもっともシンプルに，ヒト，ウサギ（生物），ロボビー，冷蔵庫，車（無生物）という5枚のカードを呈示し，5歳児19人，6歳児21人，成人15人に「生きているか？」「目があるか？」「熱いと感じるか？」など生物に関わる質問を行い，当てはまるカードを選択させた。この実験では個々の事物について質問を行うのではなく，生物も無生物もある中でロボット（ロボビー）を呈示し一緒に判断させた。

　各質問に対してカードが選択された割合を表4-1に示す。選択された割合を見ると，成人ではヒト・ウサギとロボビー・冷蔵庫・車の2つ（生物と無生物）に大きくわかれる。判断にも迷いがない。しかしながら，「骨がある」の質問においては車とロボットが選択されるなど，成人でもロボットに対する判断は一様ではない。

　選択された割合が年齢によって異なっているか調べた結果，「生きている」の質問では成人群では有意にロボットを選ぶ人が少ないが，5，6歳児群では有意な偏りはないが選択した幼児が存在している。また，「死ぬ」の質問では5歳児群では他の群と比較して有意にロボットを選んだ幼児が多かった。次に，成人の反応を基準に幼児群の答えが成人に近いかどうか調べた（成人の質問において答えにばらつきがあった「目がある」「動く」「骨がある」を除いた質問に対する各刺激への成人の反応を判断基準とし，成人と同じ反応をしているかどうかで

II 心の理論

表4-1 各質問項目に対して各事物を選んだ人数の割合

事物	年齢	目がある	動く	成長する	死ぬ	心臓がある	骨がある	痛みを感じる	暑さを感じる	生きている
ヒト	5	17 0.89	11 0.58	11 0.58	15 0.79	18 0.95	17 0.89	10 0.53	10 0.53	19 1.00
	6	21 1.00	18 0.86	20 0.95	18 0.86	21 1.00	20 0.95	14 0.67	15 0.71	21 1.00
	成人	15 1.00	15 1.00	15 1.00	15 1.00	15 1.00	15 1.00	15 1.00	15 1.00	15 1.00
ウサギ	5	19 1.00	11 0.58	14 0.74	18 0.95	14 0.74	16 0.84	10 0.53	10 0.53	18 0.95
	6	21 1.00	17 0.81	18 0.86	20 0.95	18 0.86	19 0.90	15 0.71	12 0.57	21 1.00
	成人	15 1.00	15 1.00	15 1.00	15 1.00	15 1.00	15 1.00	14 0.93	14 0.93	15 1.00
ロボット（ロボビー）	5	9 0.47	14 0.74	5 0.26	6 0.32	5 0.26	2 0.11	8 0.42	8 0.42	7 0.37
	6	16 0.76	20 0.95	4 0.19	2 0.10	4 0.19	5 0.24	6 0.29	5 0.24	9 0.43
	成人	10 0.67	13 0.87	0 0.00	1 0.07	0 0.00	3 0.20	1 0.07	1 0.07	0 0.00
冷蔵庫	5	2 0.11	0 0.00	2 0.11	3 0.16	2 0.11	1 0.05	4 0.21	4 0.21	2 0.11
	6	1 0.05	5 0.24	2 0.10	1 0.05	0 0.00	2 0.10	2 0.10	3 0.14	1 0.05
	成人	0 0.00	3 0.20	0 0.00	1 0.07	0 0.00	0 0.00	0 0.00	0 0.00	0 0.00
車	5	2 0.11	17 0.89	4 0.21	3 0.16	2 0.11	1 0.05	5 0.26	5 0.26	2 0.11
	6	7 0.33	19 0.90	1 0.05	1 0.05	0 0.00	2 0.10	6 0.29	9 0.43	2 0.10
	成人	0 0.00	10 0.67	0 0.00	1 0.07	1 0.07	4 0.27	0 0.00	0 0.00	0 0.00

（注）　上段は人数，下段は各年齢群に占める割合。
（出所）　Katayama et al., 2010

参加児をわけた）。この結果，「心臓がある」「痛みを感じる」「暑さを感じる」の質問では幼児は成人と異なる傾向が見られた。表4-1からその違いは特にロボット刺激のときに表れていると考えられた。

成人はロボットに対して心的な状態を付与していないが，幼児においては幾分ゆらぎがあることが示された。「目がある」という質問に対する反応では，成人でも67％がロボット（ロボビー）を選択している。ロボビーは人の目にあたるような位置にカメラがついており，目のように見えなくもない。そのため成人でも半数以上が選択したのであろう。しかしそのことと，心的な状態をロボビーに付与することの間に関係はない。目の存在はたんに外見上の特性であり，目があるからといって内的な状態を付与することは行わないのであろう。ロボビーを用いた板倉らの意図模倣の実験結果では，アイコンタクトという動作が重要な要因となっていた。目（のような形）があるだけではロボットに「心」を見いだすには不十分であることが示されている。

（3） ロボビーの信念を理解する

子どもはロボットに信念があると理解するのであろうか。本章3節で扱った信念の理解に関して，ロボビーが登場人物になった誤信念課題の実験が行われている（Itakura, Okanda, & Moriguchi, 2008）。使用されたのはサリーとアンタイプの場所に関する誤信念課題であり，参加したのは4歳から6歳，通常の誤信念課題の参加児になる年齢の子どもたちであった。

刺激ビデオとして，登場人物が人またはロボビーとなるビデオが作成された。ストーリーは，以下のように進む。①人（ロボビー）がぬいぐるみを持って部屋に入る。②部屋の中には大きな箱と小さな箱があり人（ロボビー）は持ってきたぬいぐるみを大きな箱に入れて部屋を出て行く。③その様子を覗き見ていた人が部屋に入ってきて，大きい箱のぬいぐるみを小さい箱に移しかえて出て行く。④人（ロボビー）が部屋に戻ってくる。

子どもたちは通常の心の理論課題と同じようにロボビーがどこを探すか（予測質問），どこにあると思っているか（表象質問），最初ぬいぐるみはどちらに入っていたか（記憶質問），今，ぬいぐるみはどこにあるか（現実質問）について質問される。ロボビーが登場する結果（ロボビー条件）を登場人物が人の結果（ヒト条件）と比較した。

Ⅱ　心の理論

　結果は，記憶質問や現実質問に関してはほとんどの幼児が間違いなく答え，条件による差は見られなかった。「どこを探すか（予測質問）」に関しても，ヒト条件でもロボビー条件でも幼児の正答率には差がなかった。一方で「どこにあると思っているか（表象質問）」に関しては，ロボビー条件の正答率はヒト条件よりも低かった。つまり，ロボビーが登場する場合は「思う」というような心的動詞を付与しない可能性があることがわかった。林・今中（2011）では，ロボットと人が登場人物となった誤信念課題を行い，結果をロボット条件とヒト条件で比較している。彼らの結果では，ロボット条件でもヒト条件でも予測質問と表象質問の差は見られなかった。誤信念課題において，予測質問と表象質問の答えに対して正答ならそれぞれ1点を与え，0から2点満点で得点化した場合，ヒト条件の方がロボット条件よりも得点が高かった。この結果から彼らは，幼児はロボットの場合は人に対するときほど誤信念を考慮しない傾向があると述べている。

　ロボビーを使った実験結果から，子どもたちのロボットに対する心の理解には以下のような変化が見られる。ロボビーがボールを運ぶ実験では，12ヶ月児は同じ動きをするロボットにおいても人においても視線の先行が見られた。乳児では，ロボットの行動に対しても人と同じように目標を思い描くことが可能であると推測される。次に，ロボビーが行為者になっている意図模倣実験において，ロボビーが男性を見るというコミュニカティブな視線を入れ込むと，2，3歳児は模倣行動に変化が見られた。「人を見る」という行動が子どもにとって行為者（ロボビー）の意図を感じさせる要因と考えられる。さらに年齢が上がり5歳ごろになると，幼児は科学的で体系だったものではないが，生物や無生物に関しての知識を持ちはじめる（稲垣，1995）。5，6歳児を対象にしたカード分類の結果からは，子どもの判断は曖昧であり，完全にロボットを無生物とカテゴリ化しているのではなく，ロボットは無生物の中でも少し特別な位置にあると考えられる。無生物ではあるが，「生きているか」と聞かれれば冷蔵庫や車は選ばないがロボットは選んでしまうといった行動が見られる。しかしながら，ロボットは生物とは異なるという認識は持っていると考えられる。

カード分類課題とほぼ同年の年齢群が参加したロボビーが登場する心の理論課題の結果を見ると，人が登場した場合と同じ結果が得られたわけではなかった。ロボビーは人と同じようにふるまっているが，行動が人間らしいかどうかということだけではなく，外見から得られた「ロボット」についての知識が子どもの判断に大きく影響しているのであろう。

5　おわりに——子どもが感じる心の世界

　第3章・4章を通じて，子どもがどのように「心」という目に見えないものを他者の中に感じ取り，その存在を知っていくのかについて述べた。目に見える行動の裏側にはさまざまな心の働きがあり，それを理解することによって，人どうしの社会的な関わりが可能になる。本章で取り上げた研究は実験室という統制された状況ではあるが，1歳半ごろには人という他者の意図を理解し，自分に向けられた感情でなくてもそれを参照できるようになる。2，3歳児は他者の欲求を理解し，4歳ごろには誤信念課題を通過するようになることが示されている。

　これまで幼児期の心の理解は心の理論研究を中心に発展してきた。誤信念課題という標準化された課題とその再現性の高さが多くの研究を生んできた。しかしウェルマンらの研究からは心の理論の多面性が示され，オオニシら（Onishi & Baillageon, 2005：第3章3節（4）参照）の研究からは，かなり小さい時期から誤信念課題を理解している可能性も示された。誤信念課題が一つの指標になっていた幼児期の心の理解の発達は新しい展開期をむかえていると言える。とくに近年は実験手法も言語に頼らない方法が工夫されてきており，2-3歳のメンタライジングに関する検討がこれからの課題であろう。

　ロボットを課題にした研究においても，とくに2，3歳を対象にした実験が望まれる。ロボビーでは表情を作ることは難しいが，方法の工夫しだいで実施できる実験課題はあるだろう。5歳ごろには生物・無生物の知識が形成されてくるので，そうした知識がつく前の2，3歳ごろの子どもたちに対しての実験

が必要であろう。意図を生じさせるロボットの行動とはどのようなものなのか，ロボットの見る・見ないを幼児はどう判断するのかなど，検討できそうな課題は多い。子どもがロボットにどのように心を感じるのかを知ることは，ひいては人の心を検討することにつながる。ロボットに関わる分野だけではなく，人に対するメンタライジングの発達をさぐる上でも重要であると考えられる。

〈文 献〉

Baron-Cohen, S., Leslie, A. M., & Frith, U. (1985). Does the autistic child have a "theory of mind"? *Cognition*, 21, 37-46.

Falck-Ytter, T., Gredebäck, G., & von Hofsten, C. (2006). Infants predict other people's action goals. *Nature Neuroscience*, 9, 878-879.

Flavell, J. H. (1992). Perspectives on perspective taking. In H. Beilin & P. B. Pufull (Eds.), *Piaget's theory: Prospects and possibilities*. The Jean Piaget symposium series (vol. 14). Hillsdale, NJ: Erlbaum. pp. 107-139.

Flavell, J. H., Shipstead, S. G., & Croft, K. (1978). Young children's knowledge about visual perception: Hiding object from others. *Child Development*, 49, 1208-1211.

フリス，U. 富田真紀・清水康夫（訳）(1991). 自閉症の謎を解き明かす 東京書籍 (Frith, U. (1989). *Autism: Explaining the Enigma*. UK: Blackwell.)

藤崎亜由子・倉田直美・麻生武 (2007). 幼児はロボット犬をどう理解するか――発話型ロボットと行動型ロボットの比較から 発達心理学研究, 18, 67-77.

Gergely, G., Bekkering, H., & Király, H. (2002). Rational imitation in preverbal infants. *Nature*, 415, 755.

林創・今中奈七子 (2011). 幼児期における他者の心の理解の発達――イラストのロボットを用いて 岡山大学大学院教育学研究科研究集録, 148, 69-75.

稲垣佳世子 (1995). 生物概念の獲得と変化――幼児の「素朴生物学」をめぐって 風間書房

Itakura, S., Ishida, H., Kanda, T., Shimada, Y., Ishiguro, H., & Lee, K. (2008). How to build an intentional android: Infants' imitation of a robot's goal-directed actions. *Infancy*, 13, 519-532.

Itakura, S., Okanda, M., & Moriguchi, Y. (2008). Discovering mind: Development of mentalizing in human children. In S. Itakura & K. Fujita (Eds.), *Origins of social mind: Evolutionary and developmental view*. Tokyo: Springer. pp. 179-198.

Katayama, N., Katayama, J., Kitazaki, M., & Itakura, S. (2010). Young children's folk knowledge of robots. *Asian Culture and History*, 2, 111-116.

Komori, N., Shimada, Y., Morita, T., Kitazaki, M., & Itakura, S. (2008). Infants predict robot and human's action. *Proceedings of 16th International Conference on infant studies*, 27-29.

子安増生・木下孝司（1997）．〈心の理論〉研究の展望　心理学研究，68，51-67.

Leslie, A. M., Friedman, O., & German, T. P. (2004). Core mechanisms in 'theory of mind'. *Trends in Cognitive Science*, 8, 528-533.

Leslie, A. M., German, T. P., & Polizzi, P. (2005). Belief-desire reasoning as a process of selection. *Cognitive Psychology*, 50, 45-85.

Meltzoff, A. N. (1988). Infant imitation after a one week delay: Long-term memory for novel act and multiple stimuli. *Developmental Psychology*, 24, 470-476.

Meltzoff, A. N. (1995). Understanding the intentions of others: Re-Enactment of intented acts by 18-month-old children. *Developmental Psychology*, 31, 838-850.

Meltzoff, A. N., Gopnik, A., & Repacholi, B. M. (1999). Toddlers' understanding of intentions, desires, and emotions: Explorations of dark age. In P. D. Zelazo, J. W. Astington & D. R. Olson (Eds.), *Developing theories of intention: Social understanding and self-control*. Mahwah, N. J.: LEA. pp. 17-41.

Moll, H., & Meltzoff, A. N. (2011). How does it look? Level 2 perspective-taking at 36 months of age. *Child Development*, 82, 661-673.

Moll, H., & Tomasello, M. (2006). Level 1 perspective-taking at 24 months of age. *British Journal of Developmental Psychology*, 24, 603-613.

守田知代・片山伸子・北崎充晃・板倉昭二（2010）．眼球運動からみたヒト及びロボットの身体運動認知の発達　日本ロボット学会誌，28，95-101.

内藤美加（2007）．心の理論研究の現状と今後の課題　日本児童研究所（編）　児童心理学の進歩　2007年度版　金子書房　pp. 2-37.

Okumura, Y., Kanakogi, Y., Kanda, T., Ishiguro, H., & Itakura, S. (2013). The power of human gaze on infant learning. *Cognition*, **128**, 127-133.

Onishi, K. H., & Baillageon, R. (2005). Do 15-month-old-infants understand false beliefs? *Science*, **308**, 255-258.

Perner, J., Leekam, S., & Wimmer, H. (1987). Three-year-olds' difficulty with false belief task: The case for a conceptual deficit. *British Journal of Developmental Psychology*, **5**, 125-137.

Piaget, J., & Inhelder, B. (1967). *The child's conception of space*. New York: Norton.

Premack, D., & Woodruff, G. (1978). Does the chimpanzee have a theory of mind? *The Behavioral and Brain Science*, **1**, 515-526.

Rakoczy, H. (2010). Exective function and the development of belief-desire psychology. *Developmental Science*, **13**, 648-661.

Rakoczy, H., Warneken, F., & Tomasello, M. (2007). "This way!", "No this way!" -3-year olds know that two people can have mutually incompatible desires. *Cognitive Development*, **22**, 47-68.

Repacholi, B. (1998). Infants' use of attentional cues to identify the referent of another person's emotional expression. *Developmental Psychology*, **34**, 1017-1025.

Repacholi, B., & Gopnik, A. (1997). Early reasoning about desires: Evidence from 14- and 18-month-olds. *Developmental Psychology*, **33**, 12-21.

Repacholi, B., & Meltzoff, A. N. (2007). Emotional eavesdropping: Infants selectively respond to indirect emotional signals. *Child Development*, **78**, 503-521.

Repacholi, B., Meltzoff, A. N., & Olsen, B. (2008). Infants' understanding of the link between visual perception and emotion: "If she can't see me doing it, she wont' get angry". *Developmental Psychology*, **44**, 561-574.

東山薫 (2007). "心の理論"の多面性の発達——Wellman & Liu 尺度と誤答の分析 教育心理学研究, **55**, 359-369.

Wellman, H. M., Cross, D., & Watson, J. (2001). Meta-Analysis of theory-of-mind development: The truth about false belief. *Child Development*, **72**, 655-684.

Wellman, H. M., & Liu, D. (2004). Scaling of theory-of-mind tasks. *Child Development,* **75**, 523-541.

Wellman, H. M., & Woolley, J. D. (1990). From simple desires to ordinary beliefs: The early development of everyday psychology. *Cognition,* **35**, 245-275.

Wimmer, H., & Perner, J. (1983). Beliefs about beliefs: Representation and constraining function of wrong beliefs in young children's understanding of deception. *Cognition,* **13**, 103-128.

Ⅲ　コミュニケーションの理論

第5章
3歳児はなぜ他者の行動をそのまままねてしまうのか
——社会的感染——

森口佑介

　人は，他の動物と比べて，未熟なまま生まれてくる。人の乳児は，自分一人だけでは自由に移動することはできないし，満足に食事をすることもできない。少なくとも生後数年間はそのような状態が続く幼い子どもにとって，周囲に存在する他者—おもに養育者などの近親者だが—は絶対的な存在だ。他者の庇護のもとにあるからこそ，人の子どもは外的世界の中で生きていける。そのような環境の中で生まれる子どもは，誕生直後から，他者を含む社会的情報に対する高い感受性を持っている。たとえば，幾何学図形よりも人の顔を好むし，比較的早期から他者の意図や欲求などを含む心の状態についての理解もできるようになる。子どもは，このような能力を持つことにより，早期から人の世界に適応することができるのであろう。本章では，子どものそのような能力が引き起こす興味深い現象である，「社会的感染」を通じて，子どもの他者への認識や子どものロボットに対する認識について考えていきたい。まず，子どもの心の柔軟性についての研究を紹介し，その後に社会的感染についての私たちの研究を紹介する。

1　子どもの心の柔軟性

（1）　心の柔軟性とは
　子どもの心には柔軟性が欠ける，というと語弊があるだろうか。たしかに，ある意味においては，成人の心の方が，柔軟性に欠ける。たとえば，成人は既存の知識に呪縛されてしまって，新しい視点から物事を考えることが難しい。

しかしながら，ここでの心の柔軟性とは，状況に応じて，行動や思考を柔軟に切り替える能力のことを指す。たとえば，日本人と日本語で話している最中にアメリカ人が会話に入ってきたので，日本語から英語へと切り替えるような状況を想像してもらえばいいかもしれない。この意味において，子どもの心は柔軟ではない。彼らは一度何かに集中するとその状態から離れられない。子どもの心の柔軟性はどの程度のものなのか，いつごろ，どのように発達していくのか。本節では，それらの研究について紹介していく。

心の柔軟性は，基本的には，ある行動から別の行動への切り替えが可能かという観点から評価される。その際に重要なのは，いかなる要因によってそのような行動の変化が生じたかということだ。一つの要因は，環境における刺激である。たとえば，子どもがある玩具で遊んでいるときに，お気に入りのお菓子を見つけたとする。そのときに，子どもは「玩具で遊ぶ」という行動を止め，「お菓子に手を伸ばす」という行動に切り替えるだろう。もう一つの要因は，行為者（子ども）自身の認知的要因である。たとえば，子どもが大好きな玩具で遊んでいるが，それを自らやめて，「おかたづけ」という行動に移るような場合だ。前者は，外的な要因によって生じた行動の変化，後者は，行為者の内的な要因によって生じた行動の変化だと言い換えることができるであろう。本章では，後者のような自律的な行動の変化が観察されるときに，「心の柔軟性がある」と言うことにする。学術的には，このような能力は，実行機能（executive function）や，認知的柔軟性（cognitive flexibility）などと呼ばれる（森口(2012)も参照）。本章では，心の柔軟性という用語で統一する。

（2） 心の柔軟性の発達的変化

近年の発達心理学が示すところによると，心の柔軟性は3歳から5歳にかけて著しい発達を見せるという（Zelazo & Müller, 2002）。3歳児は，何かある行動や思考をしていると，別の行動や思考を選択するべきときにも，最初の行動や思考を選択し続けてしまう。先に示した例に従うと，3歳児は玩具で遊んでいると，遊びの時間が終わり，かたづけなければならないときであっても，

第5章　3歳児はなぜ他者の行動をそのまままねてしまうのか

玩具で遊ぶことを止めようとはしない。このような傾向を，固執的な行動傾向という。4歳，5歳と発達していくうちに，そのような傾向が減少していく。彼らは，状況の変化に応じて，自律的に行動を切り替えることができるのである。多くの研究が一貫してこの3歳から5歳にかけての変化を記述しており，この変化は幼児期における子どもの行動の変化を説明するための重要な要因だと考えられる（Zelazo & Müller, 2002）。以下では，心の柔軟性の発達と関わりのある課題を紹介し，3歳児がそれらの課題の中で示す行動について記述する。

まず，成人の研究やサルなどを用いた比較研究でもよく用いられる，Go/No go 課題がある。認知心理学における Go/No go 課題では，ある手がかりがでたときは特定の反応（ボタン押しなど）をするが，別の手がかりが出たときはその反応を抑止しなければならない。成人と同じ課題を使用できるのは学童期以降の子どもになるため，幼児向けに修正された課題が考案されている。代表的なものとして，ルリアのバルブ課題がある（Luria, 1961）。この課題では，子どもはあるライトが点灯したときにはバルブを摑み（Go 試行），別のライトが点灯したときにはバルブを摑まないよう（No-go 試行）に教示される。この課題では3歳の子どもはどのライトのときにもバルブを摑んでしまうが，5歳ころまでに正しく行動を抑止できるようになるという。この研究は心の柔軟性を直接測定しているわけではないものの，3歳児が優位な行動傾向を抑止できない様子を明確に示している。

心の柔軟性の発達と関わりのある2つ目の課題は，Day/Night 課題である（Gerstadt, Hong, & Diamond, 1994）。この課題では，月を描いたカードと太陽を描いたカードを用意する。子どもは，太陽のカードを呈示されたら「夜」，月のカードを提示されたら「昼」，と反応するように教示される。子どもは，日常的な経験から，太陽のカードを「昼」に，月のカードを「夜」に結びつけやすいために，誤った反応をしやすいが，その傾向を抑制しなければならない。このような研究は，3歳の子どもは優位な反応を抑制することが難しいが，5，6歳ころまでに成績が劇的に向上することを示している。

最後に，心の柔軟性ともっとも関わりがあると考えられるのは，Dimensional Change Card Sort 課題（以下，DCCS 課題）と呼ばれるカード分類課題である（Zelazo, Frye, & Rapus, 1996）。この課題では，色・形・数・サイズなどの属性のうち，2つの属性を含むカードを用いる。たとえば，サイズと形の場合は，まず，「大きな車」と「小さな花」のカードを用意し，これをトレイに取り付けてターゲットとする。参加児にこのターゲットとはサイズと形の組み合わせが異なる「小さな車」と「大きい花」を提示し，それらを分類するように求める。第1段階では，2つの属性のうち一つ（たとえば，サイズ）で分類させ，第2段階では，第1段階とは異なる属性で分類させる（たとえば，形）。つまり，この課題では，子どもは，最初はあるルールを使用しているが，途中でそのルールを使うのを止めて，新しいルールを使用するように求められるわけだ。この課題の構造は，さきほど挙げた，心の柔軟性の具体例にきわめて近い。この課題で見せる3歳児の行動がきわめて興味深い。3歳児は第2段階でも，第1段階の属性でカードを分類してしまう。たとえば，第1段階で，サイズ属性でカードを分類すると，第2段階で形属性を用いて分類すべきときにも，サイズ属性に固執してしまう。

以上，心の柔軟性の発達に関わる課題について紹介した。これら3つの課題に共通するのは，3歳児の心が柔軟ではないということである。以下では，このような特徴をもつ3歳児が見せる興味深い行動について紹介する。

2 社会的感染

（1） 社会的な乳幼児

繰り返しになるが，人は社会的な生物であり，社会的な環境の中で成長する。他者との関係の中に生き，他者から学び，他者と意図や目標を共有しながら発達することは，ここ20年程度の発達心理学が示してきたことである。そういう種である人は，社会的環境に適応するように早期からデザインされていると考えることにはそれほど無理はないだろう。近年は「乳児がどれだけ早く社会的

認識を発達させるか」が過剰に焦点化され，いささか食傷気味ではあるものの，人は生後まもなく他者に対する選択的な反応を示し，その後も早期から他者に対する感受性が発達し続けていくことには疑いがない。このように早期から他者という刺激そのものや他者の行動に敏感であることは，人という種にとってはきわめて重要である。これは前提である。ただ，他者や他者の行動を過剰に信頼したり過剰に反応したりするとなると話は別である。本節では，そのような興味深い現象，社会的感染（social transmission of disinhibition）について紹介する。

　社会的感染とは，端的に言えば，子どもが他者の行動を観察すると，その行動をするべきではない状況においても，観察した行動をそのまま産出してしまうことである。換言すると，他者の行動へ追従する傾向のことである。重要なのは，この傾向は，3歳児に見られる点だ。上述のように，3歳児の心には柔軟性が欠けている。そのために，このような傾向が見られると考えられる。以下で，私たちの一連の研究について詳細に説明する。

（2）　社会的文脈における心の柔軟性

　私たちは，DCCSを基にした課題を考案した（以下，観察版DCCS）。使用するのは，2つの属性を持つターゲット（「赤い星」「青いコップ」）と分類カード（「赤いコップ」「青い星」）である。この課題には，2人の実験者と子どもが参加する。2人の実験者のうち，一人はモデルである。この課題では，DCCSとは異なり，子どもは一つ目の属性を自分では使用しない。モデルがカードを分類する様子を観察するだけである。たとえば，子どもは，モデルが色属性に従ってカードを分類する様子を，観察する。観察後，子どもは観察したものとは異なった属性でカードを分類するように教示される。たとえば，モデルが色属性でカードを分類したのであれば，子どもは形属性によってカードを分類するように教示される。私たちは，この課題を，3，4，5歳児に与えた（Moriguchi, Lee, & Itakura, 2007）。

　この結果，ほとんどの3歳児が，モデルと同じ属性でカードを分類してしま

Ⅲ　コミュニケーションの理論

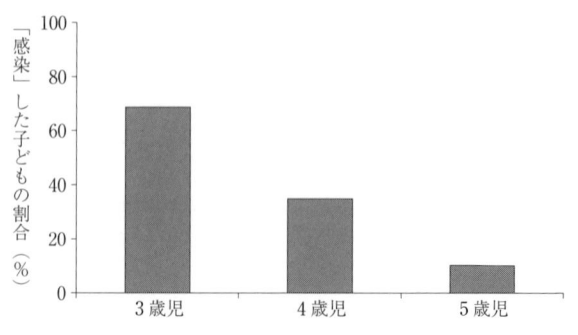

図5-1　他者の行動に感染した子どもの割合
（出所）　Moriguchi et al., 2007

った。たとえば，モデルが色属性でカードを分類したのであれば，3歳児は，形属性で分類するように教示されているにもかかわらず，色属性でカードを分類してしまったのである。彼らは，DCCSにおいて自らが使用した最初の属性に固執してしまったのと同様に，他者の行動を観察すると，その行動を選択し続けてしまい，その傾向を抑止できなかった。一方，4，5歳児は正しくカードを分類することができた。モデルの行動にはあまり影響を受けなかったのである（図5-1参照）。

　私たちはさらに，どのようなモデルが子どもにより影響を与えるかを検討した。近年の研究により，3歳児は他者の知識状態や確信度に敏感であることが示されている（Sabbagh & Baldwin, 2001）。そのため，モデルの知識状態によって子どもに与える影響が異なるかどうかを検討した。一つの条件（自信あり条件）では，子どもは，モデルがカードを分類している際に，使用しているルール（属性）に自信がある様子を観察した。もう一つの条件（自信なし条件）では，子どもはモデルが使用しているルールに自信がない様子を観察した。これらのモデルの分類を観察した後に，子どもはモデルとは異なる属性でカードを分類するように教示された。

　その結果，自信あり条件では，ほとんどの3歳児がモデルと同じ属性によってカードを分類した（図5-2）。やはり，3歳児は，観察した他者の行動と同

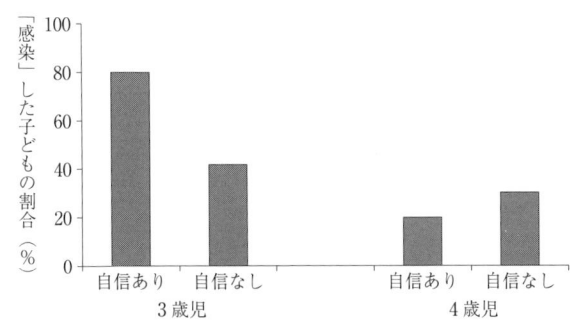

図5-2 自信あり条件・自信なし条件で感染した子どもの割合
（出所） Moriguchi et al., 2007

じ行動を選択し続けてしまい，その傾向を抑止できないらしい。ところが，自信なし条件では，半数程度の3歳児しか他者の行動に影響を受けなかった。つまり，約半数の3歳児は，実験者に教示されたとおり，正しく2つ目の属性でカードを分類することができたのである。これらの結果は，子どもは，いずれの他者からも一様に感染するのではなく，他者の内的状態によって，異なった影響を受けることを示している。子どもは，自信があるような他者にはより追従し，自信のなさそうな他者にはあまり追従しないのである。

さらに，私たちは，心の柔軟性の程度と社会的感染のしやすさの関係を調べた（Moriguchi & Itakura, 2008）。具体的には，3，4歳児に標準的なDCCSと私たちの観察版DCCSを与え，その課題の成績の関係を検討した。その結果，2つの課題の成績間に，中程度の相関関係が見られた。DCCS課題に通過しない子どもは，他者の行動に追従しやすく，通過できる子どもは，あまり他者の行動に追従しないのである。

以上，本節では，社会的感染という現象について紹介してきた。心の柔軟性が発達途上である3歳児は，他者の行動を観察すると，別の行動を選択するべきときにも，観察した行動を選択し続けてしまい，その傾向が抑制できないのである。その影響は他者の確信度などの心的状態によって異なるものの，基本的には3歳児は社会的感染を受けやすい。この社会的感染は，子どもの持つ他

者への感受性の高さと，彼らの心の柔軟性の低さによって生じたものだと考えられる。

3　ロボットの行動は感染するか

　前節では，社会的感染という現象について紹介してきた。それでは，このような現象は，他者の行動を観察することによってのみ生じるのだろうか。このような点を検討するためには，他者以外の行為者をモデルとして使ってみればよい。とりわけ，ロボットを使ったアプローチが近年注目を集めている（Itakura, Ishida, Kanda, Lee, Shimada, & Ishiguro, 2008）。ロボットを用いることの長所は，ロボットは人と同様に自律的に動く点や変数を比較的自由に操作できる点，子どものロボットへの関心は高く，ほとんどの子どもがロボットを知っている点などが挙げられる。子どもを対象とする研究では，3点目はとくに重要である。子どもが関心を持たないような実験刺激を作ってもまったく意味がないからである。

（1）　ロボビーの行動は感染するか

　私たちは，ATR（Advanced Telecommunications Research Institute International）で作成されたヒューマノイドロボットである，ロボビーを用いた実験を行った。ロボビーは，目や手を持ち，自律的に動く，人に近いロボットである（第7章も参照）。このロボビーがモデルになる条件（ロボット条件）とこれまでどおり人がモデルになる条件（ヒト条件）を直接比較した。これに，モデルがいない条件（ベースライン条件）を加えた3条件における子どもの成績を比較した。

　この研究では，人，ロボットともにビデオ刺激を用いた（Moriguchi, Kanda, Ishiguro, & Itakura, 2010）。ヒト条件では，子どもは，実験者がモデルにカードを渡し，モデルが一つの属性（たとえば，色）でカードを分類するビデオを観察した。ロボット条件では，子どもは，実験者がロボビーにカードを渡し，

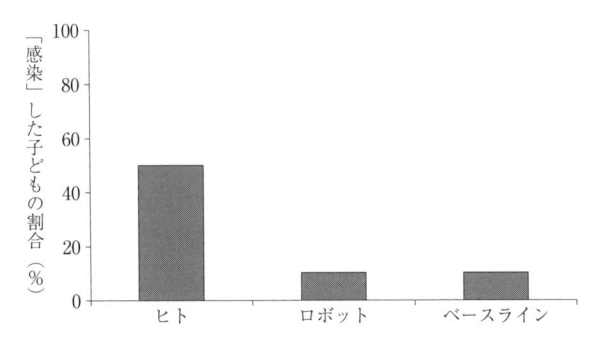

第5章　3歳児はなぜ他者の行動をそのまままねてしまうのか

図5-3　ヒト条件，ロボット条件で感染した子どもの割合
（注）ベースライン条件では，誤った属性でカードを分類した子どもの割合。
（出所）Moriguchi et al., 2010

ロボビーが一つの属性でカードを分類する様子を観察した。ロボビーの手は，カードをつまむことができ，トレイの上でカードを落とすことができる。ベースライン条件では，子どもは，何も観察しなかった。つまり，この条件の子どもは，単純に一つの属性でカードを分類しただけである。この条件は，何も観察しないときに，どの程度子どもたちが正しくカードを分類できるかを測定するために設けられた。これにより，子どもが，ロボットや人のビデオを見たときに，見ていないときに比べてどれだけ影響を受けたのかを正確に検討することができる。この研究の対象は3歳児のみであった。

　この実験の結果，ヒト条件では，約半数の3歳児が，人のモデルが使用したのと同じ属性でカードを分類し続けた。そして，ロボット条件では，ほとんどの3歳児が正しくカードを分類することができた。つまり，3歳児は，ロボットが一つの属性（たとえば，色）でカードを分類する様子を見た後でも，正しく2つ目の属性（たとえば，形）でカードを分類することができたのである。そして，さらに興味深いのは，ロボット条件の成績が，ベースライン条件の成績とほとんど変わらない点である。先述のとおり，ベースライン条件では，子どもは何も観察していない。当然のことながら，ほぼすべての子どもが，正しくカードを分類することができる。この条件と，ロボット条件では，成績がほ

とんど変わらないのである（図5-3）。ロボット条件の子どもは，まるで何も見ていないかのように，正しくカードを分類することができたのである。

　この実験における一つの問題点は，ロボット条件の子どもは，ロボットの行動を観察しているのかという点だ。子どものロボットに対する関心は高いため，子どもがビデオを見ていないとは考えにくいが，ロボットの見かけや動きに目を奪われて，ロボットがどの属性でカードを分類しているかを見逃している可能性がある。その点を検討するために，新たな実験を行った。この実験では，子どもに，先の実験と同じ，ロボットのビデオ刺激を提示した。この時点においては，子どもはそのビデオを注視するようにのみ教示された。ビデオを見た後に，子どもは，「ロボットさんと同じようにカードを分類してください」と教示された。つまり，色や形などの特定の属性については触れずに，ただロボットと同じようにカードを分類するよう教示されたのである。

　この実験の結果，3歳児は容易にカードを分類することができた。この課題における正答率が95％程度であったことを考えると，子どもがロボットの行動を見ていないとは考えにくい。彼らは，ロボットの行動をしっかりと観察しているにもかかわらず，ロボットの行動にはほとんど影響を受けないのである。これらの結果は，3歳児は，他者の行動を観察したときに，固執的な行動を産出することを示唆している。なぜ3歳児は人からは感染を受け，ロボットからは受けないのかについては，本章の最後で詳しく議論する。

（2）アンドロイドの行動は感染するか

　上記の実験は，ロボットの行動が子どもに感染しないことを示した。では，いかなるロボットの行動も感染しないのであろうか。ロボビーは，目や手を持ち，比較的人に近いロボットであった。しかしながら，それでいて，見かけも動きも，人とは違うことは明白である。子どもはロボビーをひとめ見て，それがロボットであると認識できるし，ロボットの動きも，人と比べるとぎこちないため，人との違いはすぐに認識できる。つまり，人とロボットは，少なくとも見かけと動きで異なったのである。では，このような変数を操作した場合に

は，ロボットの行動は子どもに感染するのだろうか。

次の実験では，大阪大学石黒研究室で開発された，アンドロイドを用いた。アンドロイドとは，人とまったく同じ見かけをしているロボットのことである。子どもは，アンドロイドの行動を観察した場合には，どのような影響を受けるのだろうか。その点を検証した。本来は，人，アンドロイド，ロボビーの3条件を比べるべきなのだが，アンドロイド・ロボビーともに動きに制約があるために，実験刺激を統制するのが難しい。そのため，本実験では，アンドロイド条件を，ヒト条件，ベースライン条件と比べた（Moriguchi, Minato, Ishiguro, Shinohara, & Itakura, 2010）。

アンドロイド条件では，アンドロイドがカードを分類する様子をビデオに収め，そのビデオを子どもに提示した。重要なのは，子どもは，アンドロイドの刺激を提示される際に，それがアンドロイドであることを告げられなかった点だ。子どもには，「このお姉さんがカードを分ける」と教示したのである。この操作により，子どもは，アンドロイドが動く前には，それがロボットであることを知らなかった。

その結果，アンドロイド条件において，3割程度の子どもが，アンドロイドが使用した属性と同じ属性でカードを分類した。つまり，アンドロイドの行動は，ある程度感染したのである。統計的な検定を行ったところ，アンドロイド条件は，ヒト条件とベースライン条件の間に位置づけることができた。ロボットがベースラインと同じくらいであることを考慮すると，おそらく，人とロボットの間に位置づけることができるのであろう。

ここまでの結果は，比較的納得しやすいものかもしれない。人の行動は感染し，ロボットの行動は感染しない。外見が人と同じアンドロイドの行動は，ある程度感染する。人に近い行為者の行動ほど，子どもに感染しやすいという図式だ。最後に，この図式があてはまらない研究について紹介したい。それは，人とは見かけも動きもまったく異なる，幾何学図形を用いた実験である。

幾何学図形の動きに，生物らしさや意図を感じるか，という研究は，心理学において古くから行われている。成人の被験者に丸や三角などの図形の動きを

提示し，どの程度生物らしさや意図を感じたか，ということを問うわけである。発達心理学の研究も，1歳程度の乳児が，幾何学図形の動きに意図や目的を帰属させることを示している（Gergely & Csibra, 2003）（第3章1節も参照）。

たしかに，乳児でも幾何学図形の動きに意図や目的を帰属させるようだが，その見かけも動きも人とは大きく異なる。見かけと動きという軸で考えるのであれば，幾何学図形は，人からもっとも離れている。私たちは，このような幾何学図形の「行動」が子どもに影響を与えるかどうかを検討した（森口，2012）。詳細は省くが，刺激はアニメーションで作成した。その結果，驚いたことに，ロボットよりも，アンドロイドよりも，幾何学図形は子どもに影響を与えたのである。つまり，幾何学図形の「行動」が子どもに感染したのだ。アニメーションを使うなど，刺激の顕著性が異なるため，一概に比較することはできないが，単純に見かけと動きが人に近いかどうかだけが重要な要因ではないようである。

(3) ロボットからの語彙獲得

最後に，社会的感染とは異なるが，ロボットが幼児にいかなる影響を与えるかについて考察するために，ロボビーを用いた語彙獲得実験について紹介したい（Moriguchi, Kanda, Ishiguro, Shimada, & Itakura, 2011）。この研究は，非常にシンプルなデザインで，4-5歳の幼児が人（ヒト条件）もしくはロボット（ロボット条件）から語彙を獲得できるかを検討した。まず，幼児は，人のモデルもしくはロボットが自己紹介するビデオを観察した（たとえば，「わたしのなまえはロボビーです。ロボビーはバナナがすきです」）。その後幼児は，人もしくはロボビーの名前と好きな食べ物について質問された。ヒト条件の子どももロボット条件の子どもも，この段階には容易に通過することができた。

次に，幼児は，人もしくはロボットが，新規な物体に対して新規なラベリングをする様子を観察した（「これは，トマです」）。提示された物体は3つであり，幼児は3つのラベリングが与えられた。ラベリングされた後，幼児は3つの物体を提示され，当該のラベルに対応する物体を選択するように求められた。

その結果，ヒト条件の幼児はほぼ正しく物体を選択することができたが，ロボット条件の幼児は正しく物体を選択することができなかった。年齢別にみると，ヒト条件では4・5歳児ともに偶然よりも正答率は高かったが，ロボット条件では，5歳児のみ偶然よりも正答率が高かった。これらの結果から，幼児は人からは語彙を獲得できるが，ロボットからは容易には獲得できないことが明らかになった。社会的感染と同様に，幼児はロボットの行動にはあまり影響を受けないのかもしれない。

　本節では，子どもが，人の行動だけでなく，ロボットの行動にも感染するかどうかを検討してきた。結果として，ロボットの行動は，人と比べると感染しにくいということが言えるだろう。語彙獲得の実験結果もこのことを支持する。しかしながら，アンドロイドや幾何学図形などの研究結果を考慮すると，人以外の行為者の行動は，ある程度子どもに感染する可能性も示された。

4　社会的感染はなぜおこるのか

　これまでの結果を簡単にまとめてみよう。3歳児は，他者の行動を観察すると，その行動を選択するべきではないときにおいても，観察した行動を選択してしまい，その傾向を抑止できない。私たちはこのような現象を社会的感染と呼んだ。ところが，子どもがロボットの行動を観察しても，このような傾向は見られない。アンドロイドや幾何学図形の「行動」を観察すると，このような傾向がある程度は見られる。なぜ3歳児はこのような振る舞いを見せるのだろうか。本節では，そのメカニズムについて説明する。

（1）　社会的感染のメカニズム

　社会的感染がどのように生起するかについて，大きく2通りの説明が考えられる。一つは，模倣能力に重点を置いた説明であり，もう一つは子どもの内的表象に重点を置いた説明である。まず，模倣能力に重点を置いた説明について紹介する。

①模倣能力に重点を置いた説明

近年,就学前児が,他者の行動を過剰に模倣してしまう傾向,「過剰模倣 (overimitation)」の傾向をもつことが報告されている (Horner & Whiten, 2005)。たとえば,子どもは他者が道具を使用しているのを見ると,その行動が「非効率」であるにもかかわらず,その行動を逐一真似してしまう。社会的感染も,これと似たような現象なのかもしれない。つまり,他者の使用したルールをそのまま真似する傾向があり,その傾向を抑制できないのではないかという説明である。この説明は十分ありうると考えられる一方で,大きな問題点がある。それは,5歳児でも過剰模倣傾向があることが報告されている点である。一方,社会的感染をするのは3歳児であり,5歳児はほとんどしない。この点を考慮すると,過剰模倣と社会的感染は類似しているものの,現在のところ,同列に論じることは難しいと考えられる。

②子どもの内的表象に焦点を当てた説明

私たちが好むのは,より子どもの内的表象に焦点を当てた説明である。この説明は,上記の,森口と板倉 (Moriguchi & Itakura, 2008) の研究に着想を得た。この研究は,標準のDCCSと観察版DCCSとの関係を検討し,2つの課題の間に有意な相関関係が見られることを示した。つまり,子どもが一つ目の属性を自分で使用することと,他者が使用するのを観察することはほぼ等価なのである。この結果から,私たちは以下のような説明を考えた。子どもは,他者の行動を観察している際に,その行動を内的にシミュレーションしているのではないか。つまり,子どもは,他者の行動を観察している間,心の中で自分自身がカードを分類しているのである。そのため,心の柔軟性が発達していない3歳児は,DCCSにおいて最初の属性でカードを分類し続けてしまうのと同様に,観察版DCCSにおいても観察した一つ目の属性でカードを分類し続けてしまうのではないか。

この説明は,私たちの研究の結果との整合性が良い。たとえば,森口ら (Moriguchi et al., 2007) では,3歳児は,自信のない他者の行動にはあまり感染しなかった。子どもは,自信のない他者の行動を観察した際には,あまりシ

ミュレーションをしようとしなかったため、容易に2つ目の（教示された）属性を使用できたのではないか。また、ロボットの研究については、近年の神経科学の知見からある程度説明ができる。たとえば、成人の参加者が人の行動を観察したときには、運動準備などと関わる運動前野が活動するが、ロボットの行動を観察したときにはその領域はあまり活動しない（Tai et al., 2004）。これは、成人がロボットの行動を観察しているときは、あまりシミュレーションしないことを示唆している。同様の説明が子どもにもあてはまるのかもしれない。

　この考えでは、アンドロイドや幾何学図形の結果はどのように説明されるだろうか。これまでの考えに従えば、子どもは、アンドロイドや幾何学図形の「行動」を観察した際には、人ほどはシミュレーションをしないが、ロボットよりはシミュレーションをするということになる。では、なぜそのような違いが生まれるのか。私たちは、対象の見かけによる、シミュレーションのための「期待値」と、動きによる「期待違反」がこのような違いを生み出すと考えている。アンドロイドの場合、その見かけは人とほぼ同じであるため、対象に対する「期待値」は高い。子どもはアンドロイドの動きを見る前には、シミュレーションする準備はできているのだ。しかし、アンドロイドの動きは、かなり機械的だ。そこに「期待違反」が生まれ、シミュレーションプロセスがある程度阻害される。その結果、アンドロイドの行動は人ほど感染しない。幾何学図形は逆である。その見かけから、子どもの抱く「期待値」は低い。ただの黒い円である。しかし、その黒い円が、まるで生きているかのように動き、正確にカードを分類する。その見かけからするとかなりの「期待違反」だ。幾何学図形の行動を観察している間にシミュレーションプロセスが惹起される。そのため、ある程度の社会的感染が見られる。では、ロボットはどうか。見かけは、アンドロイドほど人には近くないため、期待値は、それほど高くはない。その動きは、ロボットの見かけから予想されるものと同等か、それ以下だったのであろう。それほど高くない期待値が、とくに期待違反されることもなかったため、そこにシミュレーションが生じなかったのではないか（序章4節も参照）。

　これらの説明はいずれも十分ではないため、今後修正を重ねていく必要があ

る。いずれにしても，子どもは人からのみ感染するわけではなさそうだ。社会的感染とは，子どもの持つ社会的存在への感受性の高さと，彼らの心の柔軟性の低さによって生じたものだと言えそうだ。

（2） 社会的感染とは

　心の柔軟性が発達していない年少の子どもにとって，自己の判断で行動するよりも，知識の豊かな成人の行動に追従する方が，正しい行動を選択する確率は高い。参照すべき他者はおもに養育者であり，社会的感染することには適応的な意義がある。しかし，就学前には，多くの同輩や保育士などに囲まれ，さまざまな行動を観察することとなる。その全ての他者の行動を追従することが正しいわけではなく，社会的感染をすることで不利益が生じる場合もある。子どもは幾度となく社会的感染をして，何らかの不利益を被ることだろう。そのため，子どもは4歳，5歳ころまでには心の柔軟性を発達させ，その結果として社会的感染が消失していくのである。社会的感染とは，子どもの社会的環境が，親—子，もしくは，きょうだい関係といった軸から，同輩関係といった新しい軸へと劇的に変化する際の，子どもの適応過程の一つとして捉えられるのかもしれない。

〈文　献〉

Gergely, G., & Csibra. G. (2003). Teleological reasoning in infancy: The one-year-olds' naive theory of rational action. *Trends in Cognitive Sciences,* 7, 287-292.

Gerstadt, C. L., Hong, Y. J., & Diamond, A. (1994). The relationship between cognition and action: Performance of children 3.5-7 years old on a Stroop-like day night test. *Cognition,* 53, 129-153.

Horner, V., & Whiten, A. (2005). Causal knowledge and imitation/emulation switching in chimpanzees (*Pan troglodytes*) and children (*Homo sapiens*). *Animal Cognition,* 8, 164-181.

Itakura, S., Ishida, H., Kanda, T., Lee, K., Shimada, Y., & Ishiguro, H. (2008).

How to build an intentional android: Infants' imitation of a robot's goal-directed actions. *Infancy*, 13, 519-531.

Luria, A. R. (1961). *The role of speech in the regulation of normal and abnormal behavior*. New York: Liveright Publishing Corporation.

森口佑介（2012）．わたしを律するわたし――子どもの抑制機能の発達　京都大学学術出版会

Moriguchi, Y., & Itakura, S. (2008). Young children's difficulty with inhibitory control in a social context. *Japanese Psychological Research*, 50, 87-92.

Moriguchi, Y., Kanda, T., Ishiguro, H., & Itakura, S. (2010). Children perseverate to a human's actions, but not to a robot's actions. *Developmental Science*, 13, 62-68.

Moriguchi, Y., Kanda, T., Ishiguro, H., Shimada, Y., & Itakura, S. (2011). Can young children learn words from a robot? *Interaction Studies*, 12, 107-118.

Moriguchi, Y., Lee, K., & Itakura, S. (2007). Social transmission of disinhibition in young children. *Developmental Science*, 10, 481-491.

Moriguchi, Y., Minato, T., Ishiguro, H., Shinohara, I., & Itakura, S. (2010). Cues that trigger social transmission of disinhibition in young children. *Journal of Experimental Child Psychology*, 107, 181-187.

Sabbagh, M. A., & Baldwin, D. A. (2001). Learning words from knowledgeable versus ignorant speakers: Links between preschooler's theory of mind and semantic development. *Child Development*, 72, 1054-1070.

Tai, Y. F., Scherfler, C., Brooks, D. J., Sawamoto, N., & Castiello, U. (2004). The human premotor cortex is 'mirror' only for biological actions. *Current Biology*, 14, 117-120.

Zelazo, P. D., Frye, D., & Rapus, T. (1996). An age-related dissociation between knowing rules and using them. *Cognitive Development*, 11, 37-63.

Zelazo, P. D., & Müller, U. (2002). Executive Function in typical and atypical development. In U. Goswami (Ed.), *Blackwell handbook of childhood cognitive development*. Oxford, England: Blackwell. pp. 445-469.

第6章
子どもはどのようにロボットをコミュニケーションの相手と見なすようになるのか

大神田麻子

　人はいつから，どのように他者とのコミュニケーションをとりはじめるのだろうか。また，どのような他者とコミュニケーションをとろうとするのだろうか。第一の問は，乳児と養育者，あるいは乳児と養育者以外の大人との間で行われる相互交渉において，乳児がいつから社会的随伴性に感受性を持つのかという検討により明らかにされてきている。第二の問は，乳幼児がいつから人と物の区別をできるのか，あるいはどのような条件下で乳幼児が人以外の存在をコミュニケーションが可能なエージェントと認識するか調べることで明らかにされてきている。

　日常生活において，私たちは人とコミュニケーションをとる。また，私たちは，しばしば人以外ともコミュニケーションをとる。その対象は，人以外の動物，たとえばコンパニオンアニマルであったり，あるいは植物であったりするかもしれないし，人と同様の生き物ではないが，しかしたんなる物に思えないもの，たとえばロボットであるかもしれない。

　私たちがある対象をエージェントであるかどうか判断する基準の一つは，その対象が自分に随伴的に反応するかどうかという点ではないだろうか。人以外の動物，たとえばコンパニオンアニマルは，日常的に私たち人と随伴的なやりとりを行っている。また，植物には顔はなく，自分から動いたり話したりすることはないが，水を与えなかったり逆に与えすぎると萎れる一方，日々の様子を注意深く観察して必要な手入れを施せば，元気な新芽を出したり美しい花を咲かせる。それはまるでよろこんでいるようにも，手入れに対する感謝のようにも見える。植物は即時的に随伴的な反応を返すわけではないが，私たちは植

Ⅲ　コミュニケーションの理論

物のそうした長期的な反応を見て，彼らが生きていることを感じるかもしれない。また，もしロボットが随伴的な反応を返してくれるのであれば，私たちはそのロボットを社会的なエージェントであると感じるだろう。あるいは，私たちはすでに映画やアニメでロボットが人と随伴的な相互交渉（良い意味でも悪い意味でも）を行うところを見ているため，たとえ目の前のロボットが随伴的な反応を事前に示さなくても，私たちはロボットとは随伴的に動くエージェントであるという期待を持って，そのロボットに接するかもしれない。いずれにせよ，私たちは随伴的な反応をする相手になんらかの心を感じ，その相手とコミュニケーションをとろうとしている。

　本章では随伴性を軸に，人と人，あるいは人と人以外の存在とのコミュニケーションについて紹介していく。第一に乳児の社会的随伴性に対する感受性の発達について紹介する。第二に乳児と人，乳児と人以外とのコミュニケーションにおける随伴性の重要性について紹介する。最後に，幼児とロボットの言語的コミュニケーションについて検討した研究を紹介する。

1　コミュニケーションを期待している乳児

（1）　社会的随伴性に対する感受性

　乳児は他者とのコミュニケーションをどのように発達させていくのだろうか。この問は発達心理学研究の中でもかなり古典的なものであり，このことを解明するために今日まで数多くの研究が行われてきている。ここではその中から，乳児の相互交渉中における相手との応答的なやりとり，つまり社会的随伴性に対する感受性の発達について取り上げたい。

　日常生活で私たちが経験している人同士のコミュニケーションは，その大部分が社会的随伴性によって成立していると考えられる。たとえば，自分がある相手に向かってなにか発話したとしても，その相手が随伴的な発話を返してくれない場合には，その発話はたんなる独り言となる。しかし相手がなんらかの反応を返した場合には，それは相互交渉となりうる。そして私たちは基本的に

第6章 子どもはどのようにロボットをコミュニケーションの相手と見なすようになるのか

誰かに発話等の働きかけをすれば，その相手は応答するだろうという期待を持っている。それは乳児も同じである。ヘインズとミュールによると，乳児は他者との相互交渉を経験し，他者とは働きかけると働きを返す存在であることを学んでいく（Hains & Muir, 1996）。そして，いくつかの研究より，乳児が生後2ヶ月ごろにすでに社会的パートナーが随伴的に反応する存在であることを理解し，また他者に対してそのことを期待していることが明らかにされている（e. g., Nadel, Carchon, Kervella, Marcelli, & Reserbat-Plantey, 1999）。乳児がこうした社会的随伴性に感受性を持っているかどうかを調べる手法として，おもに2つの手法が挙げられる。どちらの手法も，社会的パートナーが非随伴的な反応を返したときに，乳児がどのような反応を示すかを調べるものである。

（2） スティルフェイス・パラダイム

第一は，トロニックらが行ったスティルフェイス・パラダイム（still-face paradigm）と呼ばれる手法で，母子間の相互交渉中に母親が表情を止めた場合（これをスティルフェイスと呼ぶ）に，乳児がそのことに気がつくか検討するものである（e. g., Tronick, Als, Adamson, Wise, & Brazelton, 1978）。乳児は相互交渉の相手がスティルフェイスを示した場合に，視線や笑顔といった行動を減少させるスティルフェイス効果を示す。2003年までのスティルフェイス・パラダイムを用いた実験については，アダムソンとプリックが詳しくレビューしているので，そちらを参考にしてほしい（Adamson & Prick, 2003）。

乳児のスティルフェイス効果は，月齢で変化するが，相互交渉相手のスティルフェイス時の表情によっても異なる。たとえばスティルフェイス・パラダイムでは，乳児の相互交渉の相手を務める大人はニュートラルなスティルフェイスを示すことがほとんどであったが，いくつかの研究では，ニュートラルな表情以外の表情をスティルフェイスとしている。たとえばロシャ，ストリアーノ，ブラットは，2ヶ月児，4ヶ月児，6ヶ月児に幸せな表情，ニュートラルな表情，悲しい表情の3つのスティルフェイスを提示した（Rochat, Striano, & Blatt, 2002）。その結果，4ヶ月児と6ヶ月児はスティルフェイス効果を示し，

Ⅲ　コミュニケーションの理論

それは表情の違いによって異なるものではなかったが、2ヶ月児は幸せな表情のスティルフェイスに対してのみ視線を減少させなかった（つまりスティルフェイス効果を示さなかった）。ロシャらは、2ヶ月児の社会的随伴性に対する感受性は、他者の表情を、まるで自分をうつす鏡のように理解しているものかもしれないが、乳児は4ヶ月ぐらいまでに空間や時間の随伴性がその2項関係に語用論的に沿ったものであるかどうかに気づき、その後、静止した表情とは独立して、2項関係における社会的な期待をより正確に形成することができるようになるため、こうした差が起きたのではないかと述べている。ストリアーノとリズコゥスキーも、3ヶ月児、6ヶ月児、9ヶ月児を対象とした同様の研究を行っている（Striano & Liszkowski, 2005）。彼女らの研究では、3ヶ月児と6ヶ月児は幸せな表情とニュートラルな表情のスティルフェイスのどちらに対しても、視線と笑顔の減少というスティルフェイス効果を示した。また、3ヶ月児は表情にかかわらず、2番目に提示されたスティルフェイスに対して笑顔の減少を示した。ロシャら（Rochat et al., 2002）は、4ヶ月児や6ヶ月児とは異なり、2ヶ月児のみが幸せな表情に対してスティルフェイス効果を示さなかったという結果から、社会的随伴性に対する感受性の質的な変化は生後2～4ヶ月で起きることを示唆したが、ストリアーノとリズコゥスキー（Striano & Liszkowski, 2005）は、それは潜在的には生後2～3ヶ月の間に始まる可能性が高いと述べている。また、ストリアーノとリズコゥスキー（Striano & Liszkowski, 2005）では、多くは生後半年以内の乳児を対象としてきたスティルフェイスパラダイムを9ヶ月児にも用いることで、生後1年以内の乳児の社会的随伴性に対する感受性の質的な変化をより詳しく調べている。その結果、9ヶ月児は実験の全体を通じて実験者に対して笑顔を見せることが少なかったため、笑顔におけるスティルフェイス効果が確認されなかった。しかし視線については、幸せな表情のスティルフェイスが先行した場合にのみ、視線が減少しにくい、つまりスティルフェイス効果が緩和されるという結果が得られた。このことより、乳児の社会的随伴性に対する感受性は、最初は随伴性や幸せな表情の有無に対する単純なものであるが、その後、生後1年までの間に、事前の相互

交渉を重視するといったコミュニケーションの文脈を考慮したものへと発達するといえる（Rochat et al., 2002; Striano & Liszkowski, 2005）。

(3) ダブルビデオ・ライブ／リプレイ・パラダイム

　第二の手法は，ビデオカメラとテレビモニターを使って母子それぞれの顔をモニターに映し出して相互交渉をさせ，途中で母親の映像を録画したものにすり替えて非随伴とするダブルビデオ・ライブ／リプレイ・パラダイム（DV live-replay paradigm）で，ミューレーとトリバーセンによって考案された（Murray & Trevarthen, 1985）。このパラダイムでは，乳児は非随伴となった母親に対して，視線，舌だし，口開けといった行動の減少を示し，母親から視線をそらせる，口を閉じる，眉をしかめるといった行動の増加を示す（e.g., Murray & Trevarthen, 1985; Nadel et al., 1999）。ナデルら（Nadel et al., 1999）の研究では，母親が乳児とオンラインで相互交渉を行う随伴条件を行い，次に母親の録画映像を乳児に提示する非随伴条件を行った後に，もう一度随伴条件を行い，2ヶ月児の母親に対する行動がこれら3つの条件の間で変化するかどうかが調べられた。その結果，9週齢の乳児は非随伴条件で減少した母親への視線と笑顔を2度目の随伴条件で回復させた。乳児の反応がV字型に変化したことで，ナデルらは2ヶ月児がたんなる時間経過によって不快な行動を増加させたり，視線や笑顔を減少させたわけではないことを明らかにした。

　乳児のこのような随伴性への期待は，母親だけでなく，見知らぬ大人の女性に対しても形成されるようである。たとえばビッグローとバーチは，5ヶ月児が以前に非随伴的な相互交渉を行った大人より，以前に随伴的な相互交渉を行った大人を選好することを報告した。乳児は，5分という短い経験であっても，過去の相互交渉の質によって，相手が随伴的な相互交渉を行うパートナーであるという期待を形成するようである（Bigelow & Birch, 1999）。また，ヘインズとミュールはダブルビデオ・パラダイムを用いて，5ヶ月児が母親からの社会的随伴性より見知らぬ大人からの社会的随伴性に強い感受性を示したことを報告した（Hains & Muir, 1996）。乳児は，母親とは日常的に随伴的な相互交

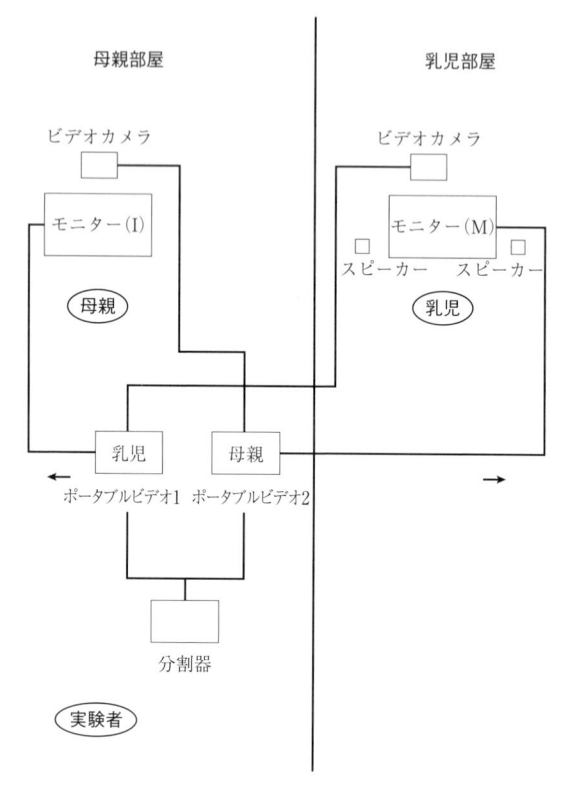

Ⅲ　コミュニケーションの理論

図6-1　実験装置とセッティング
(注)　乳児と母親の行動はビデオカメラにて録画され，ポータブルビデオを通してモニターに映し出された。母親の行動はポータブルビデオ2で録画され，非随伴条件ではポータブルビデオ2の映像を乳児部屋のモニターに映した。
(出所)　Itakura, Okanda, & Moriguchi, 2008を改変，和訳；大神田，2005

渉を行っているが，見知らぬ大人とのそうした経験は実験場面における数十秒から数分といった短い時間に限られているため，後者の非随伴的な行動により強い反応を示すと考えられている（Hains & Muir, 1996; Muir & Nadel, 1998も参照のこと）。

（4） 社会的随伴性に対する感受性の詳細な検討

　乳児の社会的随伴性に対する感受性は，本当に生後2ヶ月を超えないと出現しないのだろうか，それとももっと早い時期に始まっているのだろうか。また，乳児は母親と見知らぬ女性との相互交渉における社会的随伴性に対して，いつから異なる反応を示しはじめるのだろうか。私たちは，このことについて明らかにするため，ナデルら（Nadel et al., 1999）のパラダイムを用いて，生後1.5ヶ月児および4ヶ月児が母親および見知らぬ大人との相互交渉における社会的随伴性に感受性を持っているかについて，パイロット的に検討した（1.5ヶ月児の結果については Okanda & Itakura, 2008b も参照のこと）。図6-1に実験状況および装置を示す。扉で仕切られた2つの部屋のうち，一つを乳児，一つを母親あるいは見知らぬ大人が使用した。大人と乳児はそれぞれモニターの前に座り（乳児の場合はベビーチェアに座った），モニターとビデオカメラで構成された閉回路テレビシステムを通じて相互交渉を行った。

　母親あるいは見知らぬ大人（成人女性）は，実験中，普段と同じように乳児に話しかけ，笑いかけた（第一随伴条件）。その間の様子を30秒間録画し，次にこれを非随伴条件として乳児に提示した。その後，大人と乳児はふたたび30秒間の随伴的なやりとりを行った。

　第一随伴条件，非随伴条件，第二随伴条件それぞれにおいて乳児がどのような行動を示したかについて，実験の様子を録画したビデオ映像から分析した。分析対象とした行動はミューレーとトリバーセン（Murray & Trevarthen, 1985）お

表6-1　コーディング基準

カテゴリー	項　目
視線の方向	相手への視線 よそ見をする 眼を閉じる 下を見る 何か他の物を見る コーディング不可
表情	笑顔 しかめっ面 ニュートラル 他の表情 コーディング不可
口	リラックス状態 閉じている 大きく開けている 舌だし うすく開けている その他の口の動き コーディング不可

（出所）　Murray & Trevarthen, 1985 および Nadel et al., 1999に準拠，大神田，2005より抜粋

Ⅲ　コミュニケーションの理論

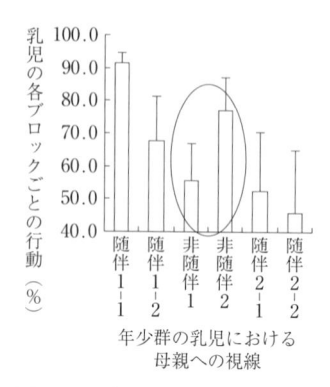

図6-2　年少群の母親に対する視線の変化
(出所)　Okanda & Itakura, 2008b より一部抜粋，和訳：大神田, 2005

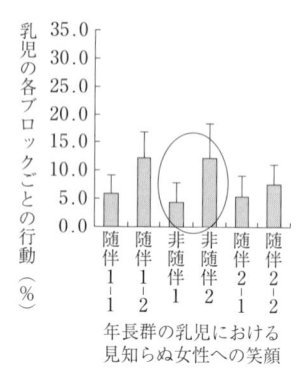

図6-3　年長群の見知らぬ女性に対する笑顔の変化
(出所)　大神田, 2005

よびナデルら（Nadel et al., 1999）に準拠した（表6-1）。これまでの先行研究では条件と条件の比較のみが行われており，条件内で乳児の行動がどのように変化するかについては注目されてこなかった。しかし，乳児は条件が切り替わってすぐにそのことに気がつくのではなく，少し遅れて相手の非随伴性に気がつくのではないだろうか。そこで私たちは，乳児の条件内での行動の変化を明らかにするため，それぞれの条件を前半と後半に区切って分析した。

　その結果，母親が相互交渉のパートナーであったときに，1.5ヶ月児の視線は実験全体では時系列に沿って減少したが，非随伴条件の後半でのみ増加を示したことがわかった（図6-2）。しかし見知らぬ大人が相互交渉のパートナーであったときには，そのような変化は見られなかった。一方，4ヶ月児は見知らぬ大人が相互交渉のパートナーであったときに，非随伴条件の後半で笑顔の増加を示した（図6-3）。しかし母親がパートナーであったときには，そのような行動の変化は見られなかった。

（5）　社会的随伴性に対する感受性の段階的な発達
　これらの結果は，どのようなことを示唆しているのだろうか。第一に，1.5

ヶ月児の視線の増加は，母親が相互交渉中に非随伴的な応答をしたことによる驚きを示している可能性が考えられる。先行研究では相互交渉相手への視線の増加は快の指標と捉えられてきたが，乳児は新奇な物や事象を見たときなど，驚いたときにも視線の増加を示す。すなわち，1.5ヶ月児は母親からの社会的随伴性に完全な感受性はまだ持っていないが，母親が非随伴的な応答をするようになった場合のみ，通常とは異なる状態であると認識することはできたのかもしれない。ナデルら（Nadel et al., 1999）によると，社会的随伴性には検知・反応・期待という3種類の指標がある。これらはそのまま，社会的随伴性に対する感受性の発達を形成する下位コンポーネントと考えることができる。すなわち，検知は社会的随伴性に対する感受性の第一歩であり，反応と期待といった能力は生後2ヶ月以後に備わってくるのではないだろうか。

　第二に，4ヶ月児は見知らぬ大人にのみ，非随伴条件の後半で笑顔の増加を示した。この笑顔は，乳児から大人への働きかけの一種であったかもしれない。ストリアーノは，見知らぬ大人が乳児を見ている，あるいは他方向を見ながらスティルフェイスとなった場合に，3〜9ヶ月児が再働きかけ（re-engagement）行動を行ったことを報告している。この行動は相手を見ながら相手の顔を触る，あるいは椅子などを叩くといったものであり，9ヶ月児は，3ヶ月児と6ヶ月児よりこうした行動を多く示した。しかし，こうした再働きかけ行動は，母親がスティルフェイスとなって音が鳴った他方向を見た場合，あるいはたんに他方向を見た場合と，乳児を見ている場合とで，差が見られなかった（Striano, 2004）。私たちの実験では，乳児はモニターを見ており，実際に相互交渉の相手に触れることは不可能であった。そこで乳児は，相手の注意を引くために，笑顔を用いたのではないだろうか。こうした行為が見知らぬ大人だけに見られたのは，ストリアーノの実験結果と一致しており（Striano, 2004），日常的に安定した相互交渉を行っている母親より，限定的な相互交渉相手である見知らぬ大人の非随伴的な反応に，乳児はより反応するという先行研究の見解と矛盾しない（Hains & Muir, 1996; Muir & Nadel, 1998）。日常生活では，たとえば家事を行っている最中に乳児が母親に働きかけをしても，母親は家事に

夢中でそのことに気がつかないといった状況がある。しかしこうした母親の無反応は一時的なものであり，母子の関係を壊すものではない。こうした経験が積み重なり，ヘインズとミュール（Hains & Muir, 1996）やミュールとナデル（Muir & Nadel, 1998）が指摘するように，乳児は約30秒間という短い期間の非随伴的な母親の行動によって大きな反応を示さなくなっているのかもしれない。

以上の研究より，乳児の社会的随伴性に対する感受性が段階的に発達する可能性がわかってきた。生後初期，およそ2ヶ月までに，乳児は非随伴的な母親の反応を「おかしな反応」であると区別することができる。その後，社会的随伴性への期待が形成されると，乳児はコミュニケーションの文脈や相手によって異なる反応を示しはじめる。このころになると，乳児は，たとえば相手の表情を考慮したり，母親のように安定した社会的関係の成立している相手の非随伴的な反応には耐性を示すようになるのではないだろうか。

2　乳児と物のコミュニケーション

（1）　人と物を区別する

前節では，乳児と人の相互交渉について述べてきた。次に，乳児と人以外の関わり方について述べていきたい。そもそも乳児はいつから人と物を区別するのだろうか。

レガーシティの研究グループがこのことについて調べている。レガーシティらは，3週齢から25週齢（一部の乳児は45週齢まで）の間，2週間に1回，乳児と話す母親（active mother）と見知らぬ女性（active stranger），乳児に笑顔を示すが乳児とは話さない母親（inactive mother）と見知らぬ女性（inactive stranger），ダンスをし，乳児の視線に合わせて鈴が鳴る人形（active doll）と動かない人形（inactive doll）の6つの刺激を乳児に見せた（Legerstee, Pomerleau, Malcuit, & Feider, 1987）。鈴が鳴る人形については，隠れている実験者が，乳児が人形を見るたびに人形の背後に取り付けた鈴を鳴らした。この研究

では、早くて5週齢で、乳児は人形よりも人に対してニュートラルな発声を示すことがわかった。また、早くて7週齢で、人により多くポジティブな発声を示した。笑顔は人に対して15週齢ぐらいまでがピークで見られ、この時期に乳児は話さない大人より話す大人により笑顔を見せた。さらに、乳児の視線は週齢とともに減少し、9週齢から17週齢の乳児は人よりも人形をよく見ていたこともわかった。そして17週齢までに、乳児は人よりも人形に腕を伸ばす行動（リーチング）を示すようになった。レガーシティは別の研究において、4ヶ月児が人か物とかくれんぼを行った際に、人がスクリーンの背後に隠れた場合には声を出すのに対し、物が隠れた場合にはリーチングを示したことも報告している（Legerstee, 1994）。以上より、乳児は早ければ生後1ヶ月過ぎから2ヶ月ごろまでに人と物との区別が可能となり、完全なリーチングが可能となる17～19週齢（e. g., von Hofsten, 1984）以降になると、人が相手の場合と異なり、物については操作しようとするようである。

　エルスウォルス、ミュール、ヘインズは、相互交渉を行う人と物に対する3～6ヶ月児の行動について、1節（2）で紹介したスティルフェイス・パラダイムを用いて調べている。その結果、乳児は物に対してはスティルフェイス効果、すなわち不快を示すような行動を示さなかった。また、母親や見知らぬ女性には笑顔という社会的な反応を示したが、物に対しては示さなかった（Ellsworth, Muir, & Hains, 1993）。3ヶ月以上の乳児は人と物を明らかに区別し、人には社会的な働きかけを行うが、物にはそういった行動は起こさないようである。また、乳児は物の社会的随伴性に期待を持っておらず、そのため、物が非随伴的に動いたとしても、そのことについて人に対するような不快行動を示さないのだろう。

（2）　随伴的な反応の有無

　このように、乳児はかなり初期の時点で人と物の区別が可能である。しかし私たちは、ある一定の条件さえ満たせば、人以外の存在、ときには生きていないとわかっている物をエージェントと見なすことがある。この条件の一つが、

冒頭でも述べたように，随伴的な反応ではないだろうか。このことを支持する研究がある。

ジョンソン，スローター，カレイは，やわらかく，無定形で非対称な犬の大きさをした茶色い物が乳児および見知らぬ大人と随伴的に相互交渉を行った場合に，12ヶ月児がその物に視線追従することを示した（Johnson, Slaughter, & Carey, 1998）。その場合，物に顔があるかないかは重要な点ではなく，顔がなく，かつ随伴的にも動かない場合にのみ，乳児は視線追従を行わなかった（さらなるレビューは Johnson, 2003を参照）。メルツォフによると，視線追従は言語学習，情動の学習，あるいは模倣学習の手助けとなったり，個人の好みや願望を知る手がかりとなるなど，社会的認知に貢献する（Meltzoff, Brooks, Shon, & Rao, 2010）。デリジアーニ，千住，ゲルゲリー，チブラは，さらにアイトラッカーを用い，コンピュータ画面上に表示されたまったく人らしくない形の物が随伴性を示した場合に，8ヶ月児が視線追従を示したことを報告している（Deligianni, Senju, Gergely, & Csibra, 2011）。

また，シミズとジョンソンは，12ヶ月児は，たとえ同じ緑色の見たことのないような形の物でも，実験者がその物に英語で話しかけ，その物がビープ音で随伴的に反応する場面を見せた場合は，たんに同じ物がビープ音を発する場面を見せた場合とは異なり，その物に目的を帰属させたことを報告している（Shimizu & Johnson, 2004）。これはウッドワードの馴化／脱馴化法のパラダイム（第3章2節（1）参照）を用いたもので，このパラダイムでは，馴化刺激としてまず2つの物体のどちらかに人の手（あるいは代替の物）がリーチングする場面を何度か乳児に提示し，乳児が馴化した後に，その物の場所を入れ替えてリーチング場面を提示し，目標物が同じであるがリーチングの軌道が変わる場合と，軌道は同じであるが目標物が異なる場合の乳児の視線が検討される（Woodward, 1998）。乳児の視線は新奇な物や事象を見た際に増加するとされており，ウッドワードは後者で視線を増加させた6ヶ月児と9ヶ月児は，リーチングの意図が特定の目標物を取ろうとするものだと理解していると結論づけている。シミズとジョンソンの研究では，12ヶ月児は随伴的な反応を示す緑色

の物体が,異なる目標物にアプローチする場面を見た際に,視線の増加を示した。つまり,この月齢の乳児は,随伴的な動きを示す物をエージェントと認識するようである。

(3) 随伴的な反応の程度

ただし,随伴的な反応の程度についても,その対象がエージェントであるかどうかの判断に関わる可能性がある。社会的随伴性という言葉に対して,物理的随伴性という言葉がある。ゲルゲリーとワトソンによると,社会的随伴性が人など生物 (animate) に存在するのに対して,物理的随伴性は物など無生物 (inanimate) に存在する (e. g., Gergely & Watson, 1999; Watson, 1985)。たとえば,乳児の身体の一部(足など)にモビールを紐でつなげるとする。そうするとこのモビールは乳児の身体の動きに物理的に随伴して動く。ゲルゲリーとワトソンによると,完全な随伴性というものは無生物に存在するもので,生物間の相互交渉に完全随伴性は存在しない。ナデルによると,健常の乳児は完全でない随伴性を好み,それこそが乳児がエージェントに期待していることである (Nadel, 2002)。あるいは乳児は,ビッグローも指摘するように,日常的な社会的随伴性が完璧ではないことをすでに認識している (Bigelow, 1999)。

随伴性があるかどうかは,その対象がコミュニケーション相手となりうるかどうかの判断の一つであるだろうが,その程度もまた,重要な判断材料であるといえる。たとえば,乳児は最初は完全な随伴性に興味を示し,不完全な随伴性への興味は生後3ヶ月以降から芽生えてくるようである (Gergely & Watson, 1999)。たとえばバウリックとワトソンは,3ヶ月児に自分に完全に同期して動く物と,自分の動きに完全には同期していないが随伴的に動く物を見せると,およそ半分の乳児が不完全に動く物を選好したことを報告した (Bahrick & Watson, 1985)。

（4） ヒューマノイドロボット

　以上の研究は，新奇な形や質感を持った無生物が対象であったが，乳児はこれと同様にヒューマノイドロボット（人型ロボット）についても，一定の条件を満たす場合はコミュニケーションが可能な相手と見なすようである。有田・開・神田・石黒は，ロボットが人のように動き，人と相互交渉を行った場合に，10ヶ月児がそのロボットを話し相手と認識したことを明らかにしている（Arita, Hiraki, Kanda, & Ishiguro, 2005）。この実験では，あらかじめ乳児に，ロボットが人のように動いて人と相互交渉をする条件（相互交渉ロボット条件），ロボットは動かず，人のみがアクティブでロボットに話しかける条件（非活動的ロボット条件），ロボットが人のように動き，人が動かずに沈黙している条件（活動的ロボット条件）のいずれかのビデオ映像を提示し，その後，暗幕の後ろに向かって話しかける人の場面を提示した。そしてテスト刺激として，暗幕の後ろにロボットか人がいる2つの場面を提示し，乳児の視線量を比較した。すると，3つの条件のうち，相互交渉ロボット条件でのみ，暗幕の裏に人がいた場合とロボットがいた場合において，乳児の視線量に差が見られなかった。他の2つの条件および事前に人とロボットの映像を見せなかったコントロール群ではロボットがいる場面への視線量が多かった。乳児は，ロボットという存在がいるだけ，あるいは活動的に動くだけでは，そのロボットを「話し相手」とは思わないようである。このことより，10ヶ月児がロボットを話し相手と認識するためには，ロボットが人と相互交渉が可能な存在であることを示すことが重要であるといえる。

　また，メルツォフ，ブルックス，ショーン，ラオの研究では，ロボットが大人と社会的なやり取りをする場面を見た場合，18ヶ月児はそのロボットに視線追従をしたが，ロボットがそうした行動をとらない場面を見た場合には視線追従をしなかった（Meltzoff et al., 2010）。この研究における社会的なやりとりは，ロボットが大人の真似をし，また大人もロボットの行動を同様に真似る随伴的な相互交渉であった。それ以前の研究においても，乳児は大人が随伴的な反応を示したとしても，それが一時的な反応（自分が動くと相手も動くというたんな

第6章 子どもはどのようにロボットをコミュニケーションの相手と見なすようになるのか

る随伴的な反応で，真似ではない）である場合より，自分の行動を同じように真似る場合を選好することがわかっている（Meltzoff, 2007）。そのため，メルツォフは，乳児にロボットが大人の真似をする様子を見せることは，乳児にそのロボットが社会的なエージェントであることをより強く感じさせると述べている。また，こうしたことは大人にも有効で，ロボットが真似をするのは，ロボットが他者の行動を「見る」ことができる証拠であるため，大人もそのロボットがエージェントであるように錯覚する（Meltzoff et al., 2010）。

　前出の新奇物に比べると，ヒューマノイドロボットは比較的コミュニケーションの相手と認識されやすい存在と考えられる。私たち大人は，ロボットが話しかけてきたとしても，茶色い不定形の物体や緑色の物体にそうされるより，自然と感じるかもしれない。それは映画やアニメで見るロボットの様子や，あるいはロボット掃除機等が音声機能を持っていることによる影響が大きいだろう。乳児期には，ロボットは物と同じで，随伴的な反応を示す場合にのみエージェントと認識されるが，やがてロボットは物とは異なる存在という認識が芽生えるのかもしれない。ジプソンとゲルマンは，3-5歳児と大人が生きているものと生きていないものの区別をどのようにしているかを調べた（第8章1節も参照）。すると，3歳児はイヌ型ロボットとヒトデの区別が曖昧など，3，4歳児は顔の有無に多少の影響を受けるものの，3歳児でも，生きているもの（デグー，ヒトデ）と生きていないもの（イヌ型ロボット，センサーつきの箱，ぬいぐるみ，車）の区別が基本的には可能である。しかしそれは「これは食べる？」「これは育つ？」といった生物学的属性上の区別のみで，たとえば「これは考える？」「これは幸せを感じる？」といった心理的属性や「これはなにかを見ることができる？」「これはくすぐったらわかる？」といった知覚的属性の区別については，子どもだけでなく大人も異なる判断をする場合があることを明らかにしている。たとえば4，5歳児はセンサーつきの箱よりイヌ型ロボットに，4歳児はヒトデよりもデグーに心理的属性を帰属させるなど，顔の有無に影響を受けた。大人もヒトデとデグーについては顔の有無に影響を受けたが，すべての参加者のうち，大人のみがイヌ型ロボットよりもヒトデに心

理的属性を帰属させることができた。知覚的属性に関しても，顔の有無による影響が大きく，3-5歳児はセンサーつきの箱よりイヌ型ロボットは，見ることができたり，くすぐるとわかると答え，大人もヒトデよりはデグーに知覚的属性を帰属させた。さらに大人の場合は自発的に動くかどうかも判断の要因となり，ぬいぐるみや車よりも，イヌ型ロボットやセンサーつきの箱に知覚的属性を帰属させた（Jipson & Gelman, 2007）。乳児とは異なり，さまざまな経験を積み重ねている幼児や大人は，生物学上は生きていないとわかっている物を，顔がある場合や自発的に動く場合には，まるで生きているように感じることがあるようである。

　次節では，3歳と4歳の子どもが，ロボットに話しかけられる場面を見せられた場合に，人に話しかけられる場面と同様に，ロボットに反応を示したという私たちが最近行った研究を紹介する。この研究は，これまで紹介してきた研究とは異なる側面について検討してきたものであるが，得られた結果は，少なくとも3歳ごろになると，子どもはロボットが随伴的に反応する場面を事前に示されなくとも，ロボットをエージェントと認識することを示唆している。ロボットは，幼児期以降の人にとって，自然なコミュニケーションの相手といえるかもしれない。

3　子どもとロボットのコミュニケーション

（1）　肯定バイアス

　私たちは，人がインタビューをした際と，ロボットがインタビューをした際に，3～4歳の子どもがどのような反応を示すか調べる研究を行った。

　これまでの研究により，2歳ごろの子どもは「はい」か「いいえ」で答える質問（以下，yes-no 質問）に「はい」と答えることが多い肯定バイアスを示すことがわかっており，これは最初にカナダのフリツリーとリーの研究で明らかにされた（Fritzley & Lee, 2003）。その後，私たちは，この現象が子どもが住んでいる国（たとえば日本，ベトナム，ハンガリー）や話している言語（たとえ

第6章 子どもはどのようにロボットをコミュニケーションの相手と見なすようになるのか

ばモノリンガル児とバイリンガル児）にかかわらずに見られる普遍的な現象であることを明らかにしてきた（e. g., Okanda & Itakura, 2008a, 2010a; Okanda, Somogyi, & Itakura, 2012）。また，2歳児（および3歳児）は回答可能な質問と回答不可能な質問（たとえば無意味単語を含む質問）や，身近な物（たとえばりんご）と身近でない物（たとえばパソコンのチップ）の知識に関する質問など，さまざまな種類の物の知識に関する質問にも肯定バイアスを示し（Fritzley & Lee, 2003; Okanda & Itakura, 2008a, 2010b），3歳児は物の知識に関する質問に加えて，物の好き嫌いや表情に関する質問にも肯定バイアスを示した（Okanda & Itakura, 2010b）。さらに2, 3歳児は，見知らぬ大人だけでなく，母親が聞く物の知識に関するyes-no質問にも肯定バイアスを示した（Okanda & Itakura, 2007）。

　一方，4歳以上の子どもは，質問者が異なる場合や質問内容によっては異なる反応バイアスを示す。たとえば日本の子どもの場合は，見知らぬ大人が聞く物の知識に関するyes-no質問には肯定バイアスを示すことがあるが（e. g., Okanda & Itakura, 2008a, 2010b; Okanda et al., 2012），母親が聞く同様の質問には肯定バイアスを示さず，質問によっては否定バイアスを示した（Okanda et al., 2012）。さらに物の好き嫌いや表情に関する質問には肯定バイアスを示さなかった（Okanda & Itakura, 2010b）。この事実より，年少児は言いやすい「うん」を我慢する能力（抑制機能）や，相手の質問の意味を語用論的に正しく理解する能力が発達していないため，かなり自動的にあるいは反射的に肯定バイアスを示すが，そうした能力を発達させている年長児は質問相手や質問内容によって「はい」か「いいえ」を社会的理由から判断する可能性が浮かび上がってきた（Okanda & Itakura, 2010b, 2011）。実際に，3, 4歳児の肯定バイアスは抑制機能や言語能力と関連があり（Moriguchi, Okanda, & Itakura, 2008），3歳児のyes-no質問に対する反応時間は6歳児よりも有意に短いものであった（Okanda & Itakura, 2011）。

III コミュニケーションの理論

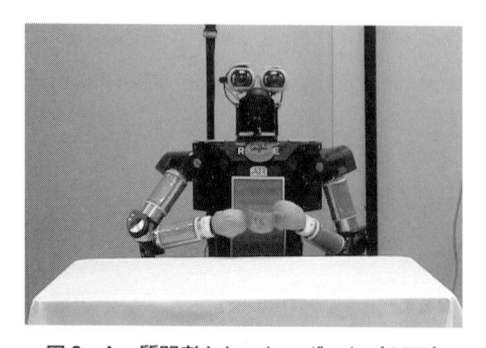

図6-4 質問者となったロボット（ATR）
（出所）Okanda et al., 2013 より一部抜粋

（2）ロボットが質問者である場合

　私たちは，年少児の肯定バイアスが自動的なものであるならば，質問状況が変わっても，質問者が誰であっても同様に肯定バイアスを示し，年長児は通常は「はい」と「いいえ」の使い分けが可能であるため，質問状況や質問者との社会的関係などによって反応傾向を変えることがあるのではないかと考えた。すなわち，年長児は社会的プレッシャーを感じやすい相手，たとえば見知らぬ大人には肯定バイアスを示しやすいが，身近な大人である母親にはそうしたプレッシャーを感じないために，「いいえ」と答える可能性が高い。この仮説を実証するため，私たちはロボットを新たな質問者に設定した。ロボットは，子どもにとってはアニメや映画で近しい存在となっており，見知らぬ大人より親近性の高いコミュニケーションの相手であることが予想された。

　また，質問状況も重要であり，年少児はどのような状況でも肯定バイアスを示すが，4歳以上の子どもは，ビデオを介したインタビューなど，社会的プレッシャーを感じにくい状況においては肯定バイアスを示さないと考えられる。ビデオを介したインタビューが子どもへの誘導性を軽減することは，法廷での証言を模したインタビューをビデオを介した場合と対面で行った場合を比較したグッドマンらの研究によって明らかにされている（Goodman, Tobey, Batterman-Faunce, Orcutt, Thomas, Shapiro et al., 1998）。以上のことを踏まえ，私たちは3，4歳児に人とロボットが身近な物と身近でない物の知識に関する質問文を読み上げる場面をビデオ録画したものをパソコンで提示し，実験者ではなく，ビデオの中の人とロボットに聞こえるように「はい」か「いいえ」のどちらかを答えるよう教示した（使用したロボットは図6-4に示す）。また，

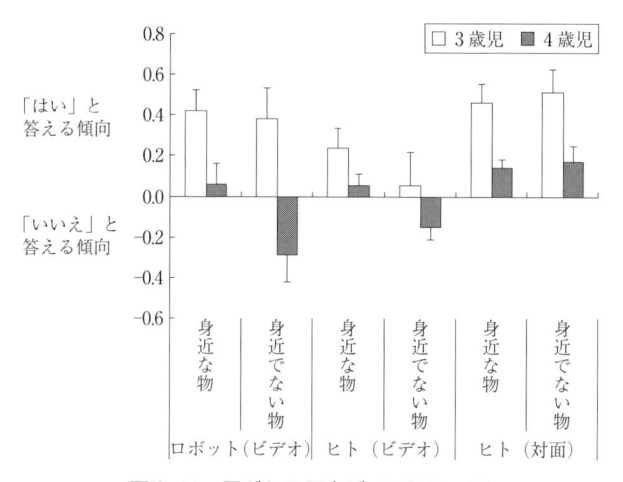

第6章 子どもはどのようにロボットをコミュニケーションの相手と見なすようになるのか

図6-5 子どもの反応バイアススコア
（注）ポジティブ得点ほど肯定バイアスを，ネガティブ得点ほど否定バイアスを示したことを示す。
（出所）Okanda et al., 2013 を和訳

人が対面で質問をする条件も実施した。ビデオ条件のロボットと人は，質問をする前に質問の対象物を手に持ち，その物を探索してみせた。そして正面を向き，子どもとアイコンタクトを取るようにした（Okanda, Kanda, Ishiguro, & Itakura, 2013）。これは，他者への視線の有無が，2歳児がロボットの目標志向行動を再現するかどうかに影響を及ぼすためであった（Itakura, Ishida, Kanda, Shimada, Ishiguro, & Lee, 2008）。

その結果を図6-5に示す。予期したとおり，3歳児はほとんどの質問に肯定バイアスを示した（唯一の例外はビデオのヒト条件における身近でない物に関する質問）。4歳児は，対面の人にのみ肯定バイアスを示した。また，興味深いことに，子どもの反応バイアススコアはビデオの中の人とロボットの間で差がなかった。これは私たちの予測していない結果であった。私たちははじめ，同じ質問状況（ビデオ）であれば，子どもはロボットより人に対してより強い肯定バイアスを示すのではないかと予測した。これは，見知らぬ大人とロボットの場合では，ロボットのほうが子どもにとって親近性が高い存在と考えられ

たからである。しかし実際の結果は異なった。その理由として，子どもはテレビやビデオで映された録画された人はオンラインで反応しないということを経験上知っていたため，対面による社会的プレッシャーを感じにくかった可能性が考えられる。一方，子どもはビデオで提示されたロボットが人と異なり，オンラインでも反応し得ると考えていた，あるいは人よりも機械であるロボットのほうが，なんでも知っている，なんでも正しいことを言う存在であるというような認識を持っているために，なんらかのプレッシャーを感じやすかったのかもしれない。そして結果的に同じくビデオ提示された人との差が消えた可能性が考えられる。

　今後は，子どもがロボットをどのような存在と考えているのか，たとえば事前に人と仲良くコミュニケーションをとるロボットを提示する条件と，人とコミュニケーションをとらないロボットを提示する条件の間で子どもの肯定バイアスに差が見られるかといった検討や，子どもにロボットがかしこかったか，かしこくなかったか聞いてみることが必要であると考えられる。私たちの研究において興味深かった点は，子どもがビデオで提示されたロボットに，人がビデオで提示されたときと同じように迷いなく，「はい」か「いいえ」で答えたということである。私たちは，子どもに事前にロボットが随伴的に反応する様子を提示していなかったが，乳児と異なり，3歳以上の子どもは，少なくともすでにロボットはコミュニケーションが可能な相手であると考えていたといえる。これは，すでに私たちの日常生活にロボットという存在が当たり前のように存在していることを反映しているのかもしれない。つまり，子どもは人と随伴的に反応しあうロボットを日常生活で目にすることにより，ロボットを自動的にエージェントと認識するようになっているのではないだろうか。私たちは生まれてから少なくとも生後1年まではロボットが随伴的に動かない限りはエージェントとは見なさないが，それ以降は経験や学習により認識を変えていくのだろう。

4 おわりに——これからのコミュニケーション研究

　本章では，乳児の社会的随伴性の感受性について検討したこれまでの研究を紹介することで，人の初期のコミュニケーション能力の発達の過程を振り返ってみた。次に，乳児が人と物をどのように区別しているのか，どのような条件下で，乳児が物をエージェントと認識するのかについて，随伴的な動きが重要であるという知見を示した。そして最後に，乳児とは異なり，幼児が自然にロボットをコミュニケーション相手と見なし，人に対するのと同様に，ロボットの質問に答えることを示した。乳児は，コミュニケーションの相手が随伴的に動くかどうかを重要視しており，事前にその相手が随伴的に反応をする存在であることが示された場合は，その相手をエージェントと認識する。メルツォフによると，この随伴的なやりとりは，真似をしあう場合により影響が大きくなる（Meltzoff, 2007）。しかし幼児や大人は，すでにこれまでの経験から，人だけでなく，随伴的に動くであろうという期待を形成している相手，たとえばロボットの場合は，とくに事前に随伴的に動く様子を見せられていなくても，エージェントであると認識するようである。それはロボットに顔があることや自発的に動けることも大きな要因であるかもしれない（Jipson & Gelman, 2007）。

　人と人以外の存在とのコミュニケーションが必要となる機会は，一昔前に比べて増加している。今後，教育目的のロボットが導入されていくなど，子どもがロボットと触れあう機会はより増加するだろう。そのため，乳児や子どもがどのようにロボットから学習をするのかといった研究（Itakura, Ishida et al., 2008）や，乳児や子どもとより円滑なコミュニケーションがとれるロボットを開発していくには，どのような機能を備えていくべきかといった検討も必要になる。乳児や子どもがコミュニケーション相手として人，物，ロボットをどのように認識しているかについて実証的に検討する発達心理学研究は，今後もこうした新しい分野に有益な知見をもたらすことができるだろう。

〈文　献〉

Adamson, L. B., & Prick, J. E. (2003). The still face: A history of a shared experimental paradigm. *Infancy,* 4(4), 451-473.

Arita, A., Hiraki, K., Kanda, T., & Ishiguro, H. (2005). Can we talk to robots? Ten-month-old infants expected interactive humanoid robots to be talked to by persons. *Cognition,* 95, B49-B57.

Bahrick, L. E., & Watson, J. S. (1985). Detection of intermodal proprioceptive-visual contingency as a potential basis of self-perception in infancy. *Developmental Psychology,* 21, 963-973.

Bigelow, A. E. (1999). Infant's sensitivity to imperfect contingency in social interaction. In P. Rochat (Ed.), *Early social cognition.* Hillsdale, NJ: Erlbaum. pp. 137-154.

Bigelow, A. E., & Birch, S. A. J. (1999). The effect of contingency in previous interactions on infant's preference for social partners. *Infant Behavior and Development,* 22, 367-382.

Deligianni, F., Senju, S., Gergely, G., & Csibra, G. (2011). Automated gaze-contingent objects elicit orientation following in 8-month-old infants. *Developmental Psychology,* 47, 1499-1503.

Ellsworth, C. P., Muir, D. W., & Hains, S. M. J. (1993). Social competence and person-object differentiation: An analysis of the still-face effect. *Developmental Psychology,* 29, 63-73.

Fritzley, V. H., & Lee, K. (2003). Do young children always say yes to yes-no question? A metadevelopmental study of the affirmation bias. *Child Development,* 74, 1297-1313.

Gergely, G., & Watson, J. S. (1999). Early socio-emotional development: Contingency perception and the social-biofeedback model. In P. Rochat (Ed.), *Early social cognition.* Mahwah, NJ: Erlbaum. pp. 101-136.

Goodman, G., Tobey, A., Batterman-Faunce, J., Orcutt, H., Thomas, S., Shapiro, C., & Sachsenmaier, T. (1998). Face-to-face confrontation: Effects of closed-circuit technology on children's eyewitness testimony and jurors' decisions. *Law and Human Behavior,* 22, 165-203.

Hains, S. M. J., & Muir, D. W. (1996). Effect of stimulus contingency in infantadult interactions. *Infant Behavior & Development*, 19, 49-61.

Itakura, S., Ishida, H., Kanda, T., Shimada, Y., Ishiguro, H., & Lee, K. (2008). How to build an intentional android: Infants' imitation of a robot's goal-directed actions. *Infancy*, 13, 519-532.

Itakura, S., Okanda, M., & Moriguchi, Y. (2008). Discovering mind: Development of mentalizing in human children. In S. Itakura & K. Fujita (Eds.), *Origins of the social mind: Evolutionary and developmental view*. Tokyo: Springer.

Jipson, J. L., & Gelman, S. A. (2007). Robots and rodents: Children's inferences about living and nonliving kinds. *Child Development*, 78, 1675-1688.

Johnson, S. C. (2003). Detecting agents. *Philosophical Transactions of the Royal Society of London. Series B: Biological Sciences*, 358, 549-559.

Johnson, S. C., Slaughter, V., & Carey, S. (1998). Whose gaze will infants follow? The elicitation of gaze-following in 12-month-olds. *Developmental Science*, 1, 233-238.

Legerstee, M. (1994). Patterns of 4-month-old infant responses to hidden silent and sounding people and objects. *Early Development and Parenting*, 3, 71-80.

Legerstee, M., Pomerleau, A., Malcuit, G., & Feider, H. (1987). The development of infants' responses to people and a doll: Implications for research in communication. *Infant Behavior & Development*, 10, 81-95.

Meltzoff, A. N. (2007). 'Like me': A foundation for social cognition. *Developmental Science*, 10, 126-134.

Meltzoff, A. N., Brooks, R., Shon, A. P., & Rao, R. P. N. (2010). "Social" robots are psychological agents for infants: A test of gaze following. *Neural Networks*, 23, 966-972.

Moriguchi, Y., Okanda, M., & Itakura, S. (2008). Young children's yes bias: How does it relate to verbal ability, inhibitory control, and theory of mind? *First Language*, 28, 431-442.

Muir, D. W., & Nadel, J. (1998). Infant social perception. In A. Slater (Ed.), *Perceptual development: Visual, auditory, and speech perception in infancy*. London: University College London Press. pp. 247-285.

Murray, L., & Trevarthen, C. (1985). Emotional regulation of interactions between two-month-olds and their mothers. In T. M. Field & N. A. Fox (Eds.), *Social perception in infants.* Norwood, NJ: Ablex. pp. 177-197.

Nadel, J. (2002). Imitation and imitation recognition: Functional use in preverbal infants and nonverbal children with autism. In A. N. Meltzoff & W. Prinz (Eds.), *The imitative mind: Development, evolution, and brain bases.* Cambridge: Cambridge University Press. pp. 42-62.

Nadel, J., Carchon, I., Kervella, C., Marcelli, D., & Reserbat-Plantey, D. (1999). Expectancies for social contingency in 2-month-olds. *Developmental Science,* 2, 164-173.

大神田麻子 (2005). 乳児の社会的・物理的随伴性に対する感受性 京都大学大学院文学研究科修士論文

Okanda, M., & Itakura, S. (2007). Do Japanese children say 'yes' to their mothers? A naturalistic study of response bias in parent-toddler conversations. *First Language,* 27, 421-429.

Okanda, M., & Itakura, S. (2008a). Children in Asian cultures say yes to yes-no questions: Common and cultural differences between Vietnamese and Japanese children. *International Journal of Behavioral Development,* 32, 131-136.

Okanda, M., & Itakura, S. (2008b). One-month-old infants' sensitivity to social contingency from mothers and strangers: A pilot study. *Psychological Reports,* 102, 293-298.

Okanda, M., & Itakura, S. (2010a). Do bilingual children exhibit a yes bias to yes-no questions? Relationship between children's yes bias and verbal ability. *International Journal of Bilingualism,* 14, 1-9.

Okanda, M., & Itakura, S. (2010b). When do children exhibit a "yes" bias? *Child Development,* 81, 568-580.

Okanda, M., & Itakura, S. (2011). Do young and old preschoolers exhibit response bias due to different mechanisms? Investigating children's response time. *Journal of Experimental Child Psychology,* 110, 453-460.

Okanda, M., Kanda, T., Ishiguro, H., & Itakura, S. (2013). Three- and 4-year-old children's response tendencies to various interviewers. *Journal of Experimental Child Psychology,* 116, 68-77.

第6章 子どもはどのようにロボットをコミュニケーションの相手と見なすようになるのか

Okanda, M., Somogyi, E., & Itakura, S. (2012). Differences in response bias among younger and older preschoolers: Investigating Japanese and Hungarian preschoolers. *Journal of Cross-Cultural Psychology*, 43, 1325-1338.

Rochat, P., Striano, T., & Blatt, L. (2002). Differential effects of happy, neutral and sad still-faces on 2-, 4- and 6-month-old infants. *Infant and Child Development*, 11, 289-303.

Shimizu, Y. A., & Johnson, S. C. (2004). Infants' attribution of a goal to a morphologically unfamiliar agent. *Developmental Science*, 7, 425-430.

Striano, T. (2004). Direction of regard and the still-face effect in the first year: Does intention matter? *Child Development*, 75, 468-479.

Striano, T., & Liszkowski, U. (2005). Sensitivity to the context of facial expression in the still face at 3-, 6-, and 9-months of age. *Infant Behavior & Development*, 28, 10-19.

Tronick, E., Als, H., Adamson, L., Wise, S., & Brazelton, T. (1978). The infant's response to entrapment between contradictory messages in face-to-face interaction. *Jounal of the American Academy of Child Psychiatry*, 17, 1-13.

von Hofsten, C. (1984). Developmental changes in the organization of prereaching movements. *Developmental Psychology*, 20, 1-13.

Watson, J. S. (1985). Contingency perception in early social development. In T. M. Field & N. A. Fox (Eds.), *Social perception in infants*. Norwood, NJ: Albex. pp. 157-176.

Woodward, A. L. (1998). Infants selectively encode the goal object of an actor's reach. *Cognition*, 69, 1-34.

第7章
子どもたちとロボットの関わりあい
——近未来への展望——

神田崇行

　近未来における子どもたちとロボットの関わりあいを予測するために，2つのアプローチをとることができる。一つ目は，これまでの章で紹介したように，実験室において，一つ一つの現象を着実に追いかけ，ボトムアップに理論を構築するという実験室実験に基づくアプローチである。

　これに対して，本章の筆者を含め，ロボットを作る側の人間は，しばしばまったく逆方向から，この未来を考える問題にアプローチする。すなわち，トップダウンにロボットを作ってしまうのである。もちろん「近未来の」というだけあって，望むようなロボットはまだ実現しない。その中でも，今の技術を結集した結果として，構成的にロボットを作り出すのである。この工学的なアプローチの結果として，実現されたロボットと子どもたちとのやりとりを観察することは，近未来における子どもたちとロボットの関わりあいについての展望をもたらすのではないか，と考えている。実際，これまでにも，Sony が Aibo をつくり，Honda が ASIMO をつくったとき，我々はみな，ロボットと暮らす未来が近づいてきたといったイメージを持ち，将来の展望がさっと広がったように感じたのではないだろうか？　同様に，筆者らがこれまでに小学校で行った2つのフィールド実験を紹介することが，読者が将来の展望を持つ上で役に立つと考え，ここに紹介しようと思う。

1　ロボットは子どもの役に立てるのか？——英語を話すロボット

　本章で，一つ目に紹介しようと思うフィールド実験は，小学校で2週間にわ

たり，英語のみを話すロボットと子どもたちが関わりあった実験である。

(1) コミュニケーションロボット　ロボビー

　最初に，本章で紹介する実験で使われたロボットについて紹介する。この実験では，子どもぐらいの背の高さのヒューマノイドロボット，ロボビー (Robovie) が用いられた (Kanda, Ishiguro, Imai, & Ono, 2004)。ロボビーは自動的に動き，相手に自分から働きかけて，関わりあい行動を起こす。この行動の設計の根底にあるのは，「ロボットは自律的に小さい子どものするようなコミュニケーションを行い，さらに相互作用を持続させる」というアイデアである。たとえば，握手，抱擁，じゃんけん，体操のまね，挨拶，歌を歌う，簡単な話しかけ，といった約70の関わりあいビヘービアが実装されている。また，頭をかく，腕を組むといった約20の待機行動，歩き回るといった約10の移動ビヘービアも実装されている。合計で100種類のビヘービアが用意され，これらのビヘービアの中で合計で300種類の発話と50単語の音声認識が可能である（図7-1）。

　これらのビヘービアは次のようなシンプルなルールに従って出現する。ロボットはときに「触ってね，遊ぼうよ」と呼びかけて相互作用の開始のきっかけをつくる。また，子どもたちが反応しないときには待機行動や移動行動を行う。一度子どもたちがロボットの呼びかけに反応すると，反応がある限りロボットは握手やじゃんけんといった関わりあい行動を続ける。子どもたちが反応をやめると，ロボットも関わりあい行動をやめて「バイバイ」といって待機行動や移動行動を再開する。

(2) 実験の概要

　この実験では，ロボットは，外国からやって来た転校生のような立場で，子どもたちと関わりあう。ロボットは騒がしい学校の教室内ではほとんど言葉を理解することはできないが，身振り手振りを交えながら子どもたちに話しかけることで，子どもたちとある程度関わりあうことができる。

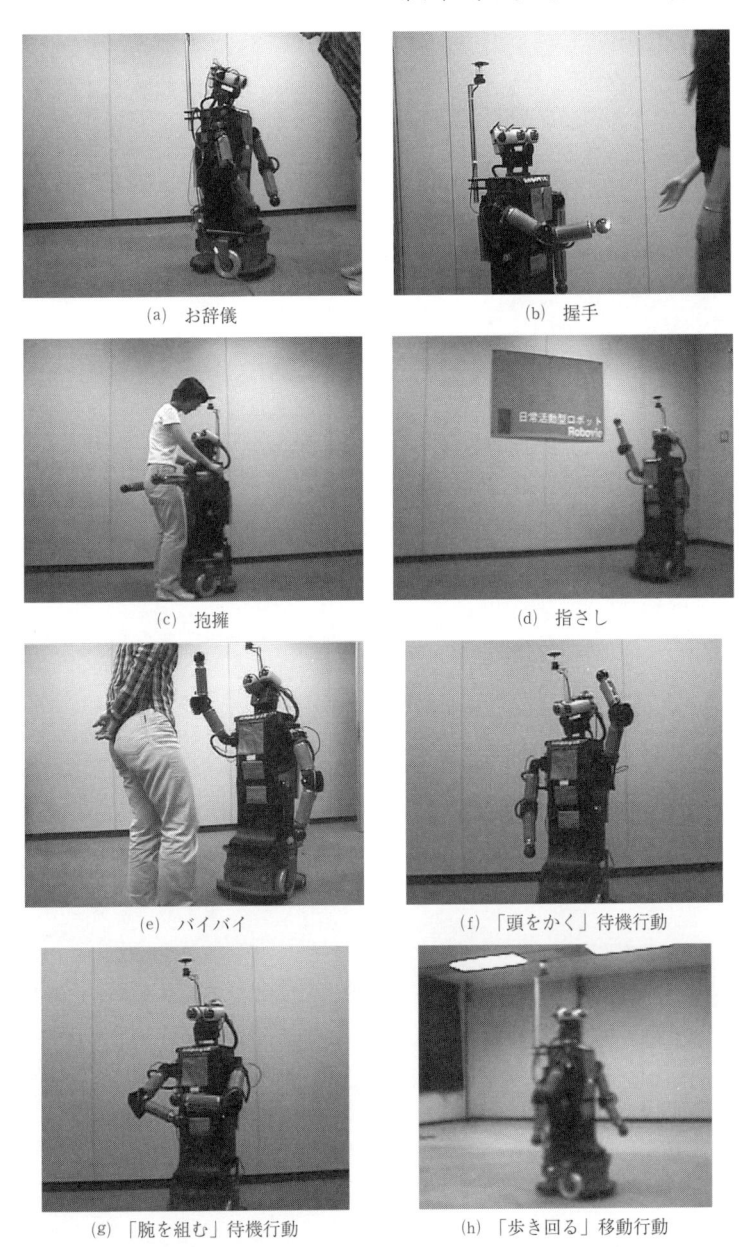

第 7 章　子どもたちとロボットの関わりあい

(a) お辞儀
(b) 握手
(c) 抱擁
(d) 指さし
(e) バイバイ
(f) 「頭をかく」待機行動
(g) 「腕を組む」待機行動
(h) 「歩き回る」移動行動

図 7-1　コミュニケーションロボット　ロボビーの行うビヘービアの例

III　コミュニケーションの理論

具体的には，2台のコミュニケーションロボット　ロボビーが教室の横の廊下に配置され，1年生と6年生の各3クラスの生徒（それぞれ，119人，109人）がそれぞれ2週間，自由にロボットと相互作用を行った。実験の目的は，英語のみを話すコミュニケーションロボットを日本の小学校に導入することで，ロボットが子どもたちの英語学習へのモチベーションを向上させるなどして英語のスキルを上昇させることにあった。ロボットがこのようなタスクで人間社会に貢献できるとすれば，物理的なサポートは行わずコミュニケーションタスクのみで有用なロボットが将来的に実現することを示唆すると考えられる。

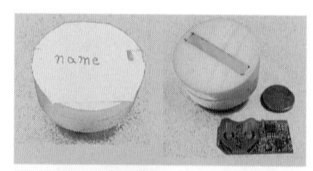

図7-2　名札に埋め込まれた無線タグ(上)と，名札をつけた子どもたち(下)
（出所）Kanda, Hirano et al., 2004

（3）フィールド実験の手順

実験前に，子どもたちには安全上の注意のみが説明された。子どもたちは無線タグの入った名札（図7-2）を身につけ，自由にロボットに触れた。先生は実験には関与せず，1台のロボットにつき一人の実験者が安全確保のためロボットに付き添ったが，子どもたちとの相互作用は一切手助けしなかった。

以下のデータが記録，収集された。

・ロボットと関わりあった時間：ロボットに搭載した無線タグ読み取り機が，各子どもの名札の無線タグを読み取った時間から自動的に記録された。
・英語の聞き取りテスト：実験前，実験開始後1週間，実験後（実験開始後2週間）の3回聞き取りテストを行った。
・ビデオデータ：4台のカメラを配置し，実験風景を記録した。

第7章　子どもたちとロボットの関わりあい

1年生に関する実験結果　　　　　　　6年生に関する実験結果

凡例：
- 相互作用を行った子どもの数
- 同時滞在人数の平均
- 空き時間の割合

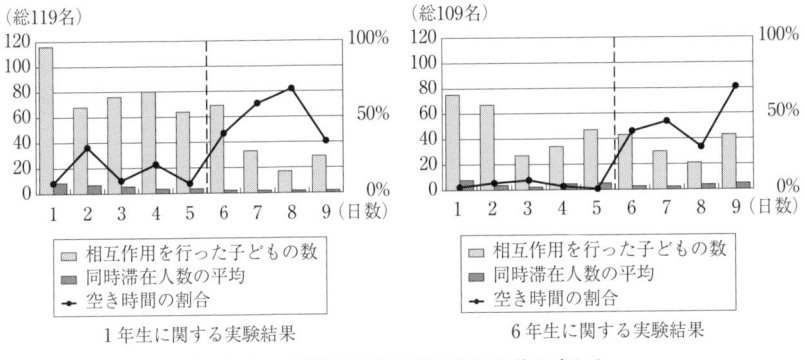

図7-3　2週間の間の相互作用の移り変わり
(出所)　Kanda, Hirano et al., 2004

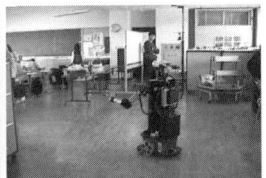

(a)初日にロボットのまわりに群がる子どもたち　(b)ロボットの正面を取り合う子どもたち　(c)約2週間後，飽きられたロボット

図7-4　子どもたちとロボットとの相互作用の様子
(出所)　Kanda, Hirano et al., 2004

（4）　フィールド実験の結果

　無線タグシステムにより自動的に観測された2週間の間の相互作用の移り変わりを図7-3に示す。初日には大きな混雑が生じ，最大で17名の子どもがロボットの周りに集まった。混雑は徐々に収まり，同時にロボットの周りに滞在する子どもの数は徐々に減少し，2週間には平均4.4人に低下した。一方，ロボットの空き時間（周りに子どもがいない時間）は2週目に入って急に増加し，約半分の時間が空き時間になった。ロボットとの遊び方は1週目，2週目を通じて変化が見られなかったため，ロボットと遊ぶ頻度がおもに低下したようである（図7-4）。ここからは，子どもたちが，目新しいロボットに触れることで最初に興味が高まり，その後徐々に飽きていった傾向を読み取ることができる。

一方で，子どもたちがロボットと相互作用したことで，英語の聞き取り能力にどのような影響があったのかを検証した（Kanda, Hirano, Eaton, & Ishiguro, 2004）。すでに英語をある程度知っていたことによる天井効果を考慮して，実験前の英語スコア，ロボットと関わりあった時間を含め，以下のようなモデルで分析を行った。

　　モデル（実験後の英語スコア − 実験前の英語スコア）= 実験前の英語スコア + 友達と同時に滞在した率 + 1 週目のロボットと関わりあった時間 + 2 週目のロボットと関わりあった時間 + 誤差

分析の結果，実験前の英語スコアに関する係数が有意となり（$F[1, 198] = 86$, $p < .001$），天井効果により英語スコアの変動（実験後の英語スコアと実験前の英語スコアとの差）が影響を受けたことが示された。友達と同時に滞在した率，1 週目のロボットと関わりあった時間は英語スコアの変動に影響しなかったが，2 週目のロボットと関わりあった時間は英語スコアの変動に有意なポジティブな影響を与えたことが見出された（$F[1, 198] = 5.6$, $p = .02$, $d = .33$）。このような実験結果は，ロボットとの相互作用を 2 週間にわたって維持し，ロボットとの関係を築いた子どもたちがロボットから多く学んだことを示している。つまり，ロボットの相互作用能力がさらに発展して子どもたちとの関係を維持する能力が高まるにつれ，ロボットがコミュニケーションを主体としたタスクを中心に人間社会に貢献できる将来的な可能性が示されたといえる。

2　ロボットは子どもたちと長期的に関わりあえるか？

2 つ目に紹介する実験は，今度は日本語を話すロボットを 2 ヶ月にわたり小学校におき，子どもたちとのやり取りを続けることができるかどうか，確かめてみた実験である。一つ目の実験では，ロボットは毎回毎回同じパターンでしか動作しなかったためか，1 週間後には子どもたちは飽きはじめ，ロボットと関わる回数が少なくなっていった。

では，テレビが見るたびに違う番組をやっているように，もしロボットも会

うたびに動作パターンを適応的に変えて，違ったやり取りがおきるようにすれば，この関係はより長続きするのだろうか？

(1) 長期的な関わりあい

　もともとのロボビーの関わりあい機能に加えて，無線タグによって得られた情報を使って，関わりあいが長期的に継続するようにするために2つのアイデアを追加した（Kanda, Sato, Saiwaki, & Ishiguro, 2007）。最初のアイデアは「見かけ上の学習」である。具体的には，子どもがロボットと相互作用をすればするほど，ロボットはより多くの種類のビヘービアをこの子どもに示すようにした。たとえば，ロボットとまだ遊んだことのない子どもには10種類のビヘービアしか示されないが，180分以上ロボットと関わりあった子どもには100種類のビヘービアを示すように設定した。このように，個々の子どもの経験に応じてロボットが徐々に関わりあいのパターンを変化させることで，ロボットはまるで何か関わりあいの経験に基づいて，行動を変える，いわば学習しているかのように振舞うようにした。

　もう一つのアイデアは，ロボットと関わりあった子どもにロボットが秘密を教えることである。ロボットとある子どもとの関わりあいの時間が，秘密の事柄それぞれに対してあらかじめ定められた一定の閾値を超えるとロボットはその秘密をその子どもに話すようにした。つまり，ロボットとよく関わりあう子どもはさらにロボットと関わりあうように動機付けられるのではないかと考えた。秘密の事柄は，「ロボビーはお話するのが好きだよ（120分以上関わりあった子どもに対してロボットはこれを話す）」「ロボビーは寒いのが嫌い（180分）」「ロボビーは先生が好きだよ（420分）」「ロボビーは阪神タイガースが好きだよ（540分）」といった内容である。

(2) フィールド実験の手順

　このロボビーの新しい振舞いを用いて小学校で2ヶ月間のフィールド実験を行った。ある小学校の5年生のクラスに属する生徒37名（男子18名，女子19名）

Ⅲ　コミュニケーションの理論

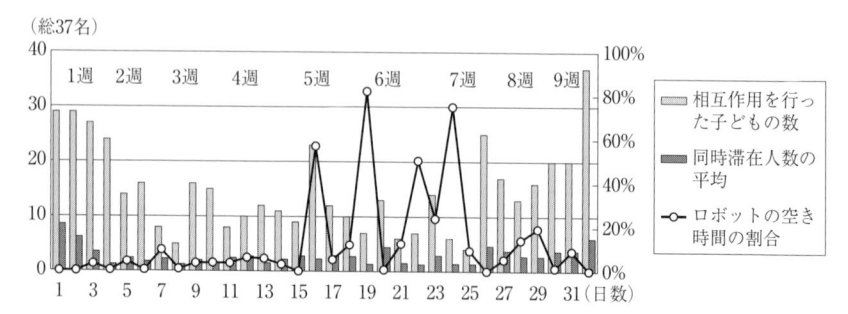

図7-5　32日間の子どもたちとロボットとの相互作用時間の遷移
(出所)　Kanda et al., 2007

が実験に参加した。2ヶ月の実験期間中に，合計で32日間実験が行われた（期間中に40日の登校日があったが，そのうちの8日は学校行事のために実験が行われなかった）。ロボットは教室の中に置かれ，子どもたちは昼食後の約30分間の休憩時間に自由にロボットと相互作用した。子どもたちにはロボットと相互作用する際に無線タグの埋め込まれた名札を身に着けるように求めた。

（3）　フィールド実験の結果

図7-5に子どもたちのロボットとの相互作用の移り変わりを示す。この9週間を3つの主要なフェーズに分類することで2ヶ月間の相互作用の移り変わりを記述する。

①第1フェーズ（1st-2nd week）：混雑期

初日と2日目に子どもたちはロボットの周りに密集した（図7-6(a)）。初日の最大時には17人の子どもがロボットの周りに同時に滞在した。第1週から2週目の間，ロボットはまだ目新しく，ロボットの周りにはつねに誰かが滞在し，ロボットの空き時間（誰もロボットと相互作用していない時間）はほぼ0であったが，ロボットの周りに集まった子どもの数は徐々に減少していった。この期間に以下のような興味深いシーンが見られた。

・多くの子どもたちは，ロボビーに備わった機能である「子どもたちの名前を呼ぶ行動」に興味を示した。

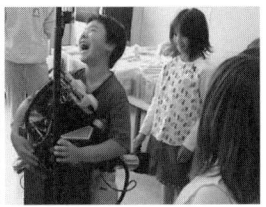

第 7 章　子どもたちとロボットの関わりあい

(a)初期の混雑　　　(b)名札を見せる子ども　　　(c)ロボビーと抱擁

図 7-6　混雑期の様子

(出所)　Kanda et al., 2007

- 何人かの子どもがロボットに名前を読んでもらおうと名札をロボットのカメラに向けて示した（図 7-6(b)）。
- 「抱擁」ビヘービアは人気であった（図 7-6(c)）。

②第 2 フェーズ（3rd-7th week）：安定期

　この期間中，毎日約10人の子どもがロボットの周りを訪れ，その一部の子どもたちがロボットと相互作用した。雨が降った日には，日ごろ外で遊んでいる子どもたちがロボットと相互作用したため，結果としてロボットと関わりあった子どもの人数が増加した。この 5 週間の間にロボットと関わりあった子どもの数は徐々に減少するとともに，空き時間が増加した。ロボットの「秘密を話す」ビヘービアは第 4 週にはじめてあらわれ，子どもたちの間で流行した（図 7-7(a)）。この期間の間に，以下のような興味深いシーンが見られた。

- 子ども A は「秘密を話す」ビヘービアを観察し，ロボットが話したことを伝えた。すなわち，友達に「ロボットが，もっと遊んだら秘密を教えてあげるよ，と言ったよ」と話した。
- 子ども B はロボットに「秘密を教えて」と言った。
- 子ども C はロボットに秘密を教えてと頼んだが，ロボットは話さなかった。
- 子ども D はそれを見ていて以前聞いたロボットの秘密を子ども C に話した。

　ロボットは「見かけ上の学習」機構によって徐々に新しいビヘービアを実行するようになり，これは子どもたちの注意を集めた。

- ロボットの目が隠されたときに（図 7-7(b)），ロボットはそれを払いのけて

(a)ロボビーの秘密を聞こうとする子どもたち 　(b)ロボビーの目を隠す 　(c)友達と一緒に抱擁される

図7-7　安定期の様子

（出所）　Kanda et al., 2007

「見えない」という新しいビヘービアが出現するようになった。この新しいビヘービアはとても人気であり，多くの子どもたちがロボットの目を隠そうとするようになった。
・ロボットは歌を歌うようになり，それを見た子どもたちは一緒に歌を歌うようになった。

③第3フェーズ（8th-9th week）：別離期

ロボットの周囲を訪れる子どもたちの数はこの2週間の間に増加したが，ロボットと実際に相互作用した子どもの数は増えなかった。実験観察者が子どもたちの様子を観察した限り，多くの子どもたちはたんにロボットの周囲を訪れ，相互作用を少しの間観察していた。8週目の冒頭に教室の担任の先生が「ロボットが9週目の終わりにいなくなる」と伝えたため，これが子どもたちの行動に影響した可能性があるといえる。

「秘密を話す」行動は子どもたちの間でよく知られるようになった。多くの子どもたちはロボットに秘密を話すように求めることに夢中になった。ロボットから聞いた秘密を子どもたちは黒板に列挙したりもした（図7-8(a)）。ロボットが「ロボビーは担任の先生が好きだよ」という秘密を話したときの影響がもっとも大きく，ロボットがこれを話した直後に何人かの子どもが教室を飛び出してこれを先生に伝えに行った。

最後の日には子どもたちがロボットのお別れ会を開いた。お別れ会では，子

(a)ロボビーの秘密を黒板に書く子どもたち　　　　　　(b)お別れ会
図7-8　別離期の様子
（出所）　Kanda et al., 2007

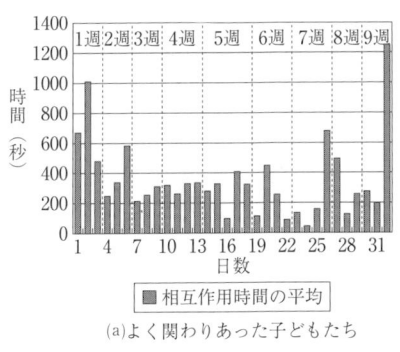

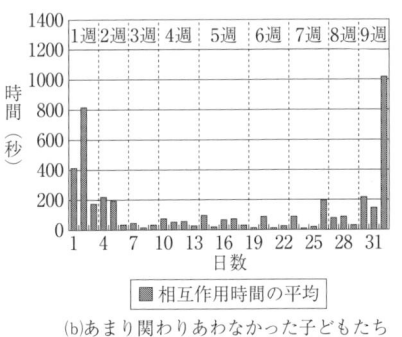

(a)よく関わりあった子どもたち　　　　　　(b)あまり関わりあわなかった子どもたち
図7-9　ロボットとの関わりあいの時間
（出所）　Kanda et al., 2007

どもたちは一列になってロボットと一人ずつ遊んだ（図7-8(b)）。
④ロボットと長期にわたって相互作用した子ども

　この3つのフェーズをより詳細に分析するために，子どもたちをロボットとの関わりあいに基づき2つのグループに分類してみた。「半数以上」群にはロボットと32日の実験期間のうちの16日より多くロボットの前にやってきて関わりあった子どもたち10名（男子4名，女子6名）を，「半数以下」群にはロボットと関わりあった日数が16日以下であった残りの子どもたち27名（男子14名，

女子13名)を分類した。図7-9(a)には「半数以上」群の関わりあい時間の平均を,図7-9(b)には「半数以下」群の平均を示す。

図7-9のグラフから,ロボットとより長期間にわたって関わりあった「半数以上」群の子どもたちは,おおむねどの日もロボットとの関わりあいの時間は同程度であり,最後までとだえることなく2ヶ月間継続してロボットと関わりあっていたものの,「半数以下」群の子どもたちはおもに第1フェーズと第3フェーズでロボットとの関わりあいが起きていたことがわかる。つまり,「半数以上」群の子どもたちはロボットと友好的な関係を構築し,ロボットと遊び続けたため,結果としてほぼつねに誰かがロボットと対話していた。

この実験から,ロボットが振る舞いを変える,秘密を話す,といった長期的な関わりあい機能を伴うことで,この実験では約2ヶ月の長期間の間,ロボットと子どもたちとの間に関わりあいが持続したこと,また一部の子どもたちは,まるでロボットのことを友達のように見なして (Kanda et al., 2007) 長期的に関わりあいを続けたことがわかった。

3 おわりに——探索的な工学研究の向かう先は?

本章では,小学校での2つのフィールド実験について紹介した。1つ目の実験では,ロボットがコミュニケーションの機能だけでも,子どもたちと関わり,役割を持ちうることを示している。2つ目の実験は,ロボットのコンテンツを工夫することで,1つ目の実験で見つかった,すぐ飽きられてしまうという問題を乗り越え,やりとりを長続きさせる可能性が示された。

もちろん,少し残念なことに,このようなトップダウンの工学的アプローチは,探索的な研究にはつながるものの,その結論をもって,何か理論を打ち立てる,という訳にはいかない。むしろ,工学の研究者である筆者としては,理論を打ち立てる役割は,この本の他の章を執筆している心理学者や読者の皆様にお任せし,もう少しロボットを作ることで近未来を呼び寄せる研究を続けようと考えている。

〈文　献〉

Kanda, T., Hirano, T., Eaton, D., & Ishiguro, H. (2004). Interactive robots as social partners and peer tutors for children: A field trial. *Human Computer Interaction (Special Issues on Human-Robot Interaction)*, **19** (1-2), 61-84.

Kanda, T., Ishiguro, H., Imai, M., & Ono, T. (2004). Development and evaluation of interactive humanoid robots. *Proceedings of the IEEE (Special issue on Human Interactive Robot for Psychological Enrichment)*, **92**(11), 1839-1850.

Kanda, T., Sato, R., Saiwaki, N., & Ishiguro, H. (2007). A two-month field trial in an elementary school for long-term human-robot interaction. *IEEE Transactions on Robotics (Special Issue on Human-Robot Interaction)*, **23** (5), 962-971.

第8章
生物と無生物の間に入り込むロボット？
―― 子どもはロボットをどう認識しているのか ――

中尾　央

　「生物とは何か」あるいは「生物と無生物の境界はどこにあるのか」。この問いも，哺乳類や昆虫と石や水を比較しているだけなら答えは簡単なように見える。たとえば，これらの間であれば，DNAによる遺伝情報の複製が決め手の一つになるだろう。しかし，細菌やウイルス，あるいは合成生物だのといったものまで考察の対象に含めてしまうと，生物と非生物の境界を一意に定めることが一気に困難になってしまう（Bedau, 1996; Machery, 2012; 木賀・山村, 2005）。ウイルスの中にはDNAではなくRNAによって遺伝情報を複製するものがある。合成された生物は，遺伝情報を次世代に受継ぐことはできない場合もあるだろう。もちろん，一意な解決などを求めずに程度問題として扱っておけば，この問題もそれほど深刻な問いではないかもしれない。

　ただし，「生物とは何か」という問いは，生物と無生物の定義以外の観点から考察することもできる。たとえば，私の専門である科学哲学（philosophy of science）では「科学とは何か」という問いが考察されてきているが（e. g., 内井, 1995），この問いも本来はじつにさまざまな側面を持っている。たとえば，科学理論の構造を分析することも一つの課題であるし，科学の中で用いられている概念や推論，説明様式を分析することもまた課題の一つである。さらに，社会やあるいは科学者自身にとって科学という営み（あるいは科学で用いられているような概念・説明など）はどのようなものであるか，すなわち「科学はどのように理解されているのか」という問いもまた，「科学とは何か」という問いが持つ側面の一つである。同様に，「生物とは何か」という問いに含まれる（定義問題以外の）重要な側面の一つが，「生物と無生物の境をわれわれはど

のように理解しているのか」という，われわれの生物・無生物理解に関する問いである。

　この問いについて，（とくに発達）心理学の中では素朴生物学（folk biology: Hatano & Inagaki, 2002; Atran & Medin, 2008）や概念（concept: Carey, 1985, 2009）の発達を探求する中で研究が蓄積されてきた。これらの研究では，さまざまな文化において，子どもたちがどのようにして生物・無生物（人工物や自然物）に対するカテゴリーを発達させるのか，あるいはこのようなカテゴリー生成を可能にするような，生得的な素朴生物学モジュールが存在するのかどうか，などが研究されてきている。

　本書で一貫して扱われてきているロボットに関する乳幼児の理解の発達は，この研究の延長線上にあると考えることもできるだろう。すなわち，ロボットは生命も心も持たない無生物に見えるが，それでもどこかしら生物らしさ，あるいは人らしさを持っている。もちろん，われわれ大人はロボットがいくら生物らしく，あるいは人らしく動いても，（ロボットに対する愛着を除き，さらに現存するロボットに話を限れば）ロボットに生物学的・心理的特徴を帰属させることはほとんどないように思われる。しかし，このような対象に対して，子どもたちはどう反応するのだろうか。彼らはロボットに生物学的・心理的要素を帰属させることができるのだろうか。できるとすれば，どのような条件下で，どの程度，さらにはどの発達段階で，それが可能なのだろうか。

　以下では，5歳以前の未就学児に関し，とくにロボビー（Robovie）と呼ばれるヒューマノイドロボットを用いた研究を中心に概観して，上の問いについて考えてみよう。ただし，ここでは外見が人にそっくりなアンドロイドを用いた研究には触れないでおく。アンドロイドを用いた研究については石黒（2009）を，また，ロボビーの外見や性能については，第7章や同じく石黒（2009），あるいは有田ら（Arita, Hiraki, Kanda, & Ishiguro, 2005）を参照されたい。

第8章　生物と無生物の間に入り込むロボット？

1　幼児たちのロボット理解——外見からの判断

　まず，ロボットはその外見だけからどのような印象を幼児たちに与えているのだろうか。多くの研究では，4歳ごろまでに生物と無生物の違いを理解し，無生物には生物学的特徴を帰属させず，さらには両者に異なる因果的説明を与えることなどが報告されてきている（Carey, 1985; Hatano & Inagaki, 2002; Gelman & Gottfried, 1996）。さらに，動植物や人工物，そしてコンピューターやロボットの写真を見せて3，4歳児にこれらの対象に生物学的特徴（食べたり，話したり，考えたり，感情を感じる，など）を帰属できるかどうかきいてみたところ，おおむねロボットを含む人工物には生物学的特徴を帰属しないという結果（Subrahmanyam, Gelman, & Lafosse, 2002）や，ロボットの犬（I-Cybie, http://www.jeffbots.com/icybie2.jpg で見られるようなロボットの犬）やぬいぐるみのミーアキャットと実験者が遊んでいる様子を見せられても，それぞれの年齢の結果だけを見ていると，それらの人工物にはほとんど生物的あるいは心理的特徴を帰属することができていないように見える（Jipson & Gelman, 2007）。しかし，第6章2節（4）でも触れられているように，この実験でも異なる年齢同士で比較すると興味深い差異が見られているうえ，被験者がロボットの犬と相互作用した後に質問すると，そのロボットに対して心理的特徴を帰属できているという実験もあり（Kahn, Kanda, Ishiguro, Freier, Severson, Gill, Ruckert, & Shen, 2012），後述するような人との相互作用という要素が，ロボットの理解に影響を及ぼしている可能性がある。
　では，ロボビーではどうだろうか。片山ら（Katayama, Katayama, Kitazaki, & Itakura, 2010）の研究では，5，6歳児と大人に冷蔵庫，ヒト，ウサギ，ロボビー，車の写真を見せて，彼らにその対象が成長する，死ぬなどといった生物の特徴を持つかどうか，さらには痛みや熱を感じるなどといった心理的性質を持つかどうか，また最後に対象が生きているかどうかといった内容を質問している。すると，5，6歳児はその40％ほどが，ロボビーが生きており，また

36％ほどが痛みや熱を感じると答え，ロボビーの成長や死についても，22％ほどの幼児たちが肯定的な回答を行っているものの，これらはけっして多いとは言えない割合である（詳細は第4章4節（2）を参照）。さらに，子どもたちが「生きている」と回答したからといって，彼らが本当にわれわれ成人と同じ意味で「生きている」という言葉を用いているとは限らないことには注意しなければならない（Carey, 1985）。たとえば古くはピアジェのころ，すでに「生きている」という言葉の発達段階には6つほどのステージがあることも指摘されている（Piaget, 1929）。

　ではやはりロボビーは無生物であり，結局生物学的特徴や心理的特徴をまったく帰属できないものなのであろうか。しかし，第3章1，2節でも指摘されているように，無生物であっても生物学的な動きを見せれば，6ヶ月の子ども，さらには3ヶ月児でもその対象に目標を帰属させることができるという実験結果もある（Biro & Leslie, 2007; Hamlin, Wynn, & Bloom, 2007; Luo, 2011）。もしかすると，生物学的な動きを見せることで，ロボビーなどにも何らかの心理的特徴を帰属させることが可能になるかもしれない。以下ではそのような実験をいくつか見てみよう。

2　コミュニケーション可能な存在としてのロボット

（1）　ロボットからの視線

　最初に見ておきたい実験は，板倉ら（Itakura, Ishida, Kanda, Shimada, Ishiguro, & Lee, 2008）によるものである。ただし，この実験は第4章4節（1）でくわしく説明されているので，ここではその要点を確認しておくだけにとどめておく。先行研究であるメルツォフ（Meltzoff, 1995）の実験では，まず人の実験者，もしくはメカニカルピンサーと呼ばれる機械が小さなダンベルを2つに分ける，もしくはその分離に失敗した場面を18ヶ月の乳児に見せる。この場面を見たあとに同じダンベルを渡された乳児は，モデルが人の場合，モデルが分離に失敗してもダンベルを2つに分けるが，モデルがメカニカルピンサーの

第8章　生物と無生物の間に入り込むロボット？

場合，モデルが失敗するとダンベルを分離できない。前者の結果が示唆するのは，モデルが人であれば18ヶ月の乳児でも相手の（隠れた）意図を読み取ることができるということである。だとすれば，モデルがメカニカルピンサーの場合に乳児が模倣に失敗したのは，メカニカルピンサーに意図を付与することがなかったからかもしれない。この解釈を裏付ける実験として，発声によってモデルの行為が意図的／偶発的であることを明示した場合，乳児は偶発的な行為より意図的な行為を模倣する傾向にあることがわかっている（Carpenter, Akhtar, & Tomasello, 1998）。すなわち，乳児は意図が付与できない行為を模倣しないわけである。

　板倉ら（Itakura et al., 2008）の実験は，このダンベル分離をロボビーに行わせている。彼らは2，3歳児を対象とし，ロボットの視線を変えることによって幼児たちの模倣を調べた。すると，ロボビーがずっと前を見たままのときにはダンベル分離を模倣しなかったが，視線を実験内でのパートナーや操作する物体に向けていた場合，分離行動を模倣したのである。これは，メルツォフの解釈が正しければ，ロボビーに意図を付与したからこそ模倣が可能になった，ということになるだろう。

（2）　ロボットとの相互作用

　また，有田ら（Arita et al., 2005）の実験（第3章3節（2），6章2節（4）も参照）では，ロボットと人との相互作用を見たあとで，10ヶ月の乳児がロボットをコミュニケーション可能な存在であると見なすようになっていることが示唆されている。まず，乳児たちは，(1)ロボビーが人のように振る舞い，なおかつ人のパートナーがロボビーと相互作用した（遊んでいた）場合，(2)ロボビーが静止したままで，パートナーがロボビーに話しかけた場合，(3)ロボビーが人のように動くものの，パートナーが静止したままである場合の3つの様子を見せられる。重要なのは，このあと，別の実験者が表れてロボビーとパートナーのどちらかに話しかけたときに乳児が見せる反応である。(2)や(3)の様子を見せられた乳児は，別の実験者が人に話しかけたときよりもロボビーに話しかけ

たとき，有意に長い時間，その様子を眺めていた。他方，(1)の様子を見せられた乳児は，実験者が人に話しかけようがロボビーに話しかけようが，その様子を眺める時間にはほとんど差がなかった。通常，乳児は新奇な場面をそうでない場面よりも長く眺める傾向にあるが（こうした選好注視法については，第1章も参照），この実験から(2)と(3)の状況がより新奇である，すなわち，乳児たちの予測に反していたものであることがわかる。10ヶ月の乳児からすれば，人と相互作用していた相手が，たとえ人のような外見を持っておらず，さらに外見からだけでは生物学的・心理的特徴をほとんど付与されないような場合でも，話しかけるといった社会的な相互交流が可能な対象だと見なされるのである。さらに，そうした対象だと見なされる相手には，意図のような何らかの心的性質が付与されていると考えられるかもしれない。少なくとも，別の実験では，12ヶ月児が新奇な無生物の物体に目標を帰属させられるのは，その物体が人と相互作用した様子を見たときだけであることが示唆されている（Shimizu & Johnson, 2004）（第6章2節（2）参照）。

　別のロボットを使った実験では，ロボットと人の相互作用を観察することが，ロボットの視線を追う（これを専門用語で視線追従 'gaze following' と呼ぶ）ために重要な要素であることが示唆されている。メルツォフら（Meltzoff, Brooks, Shon, & Rao, 2010）の実験では，まず図8-1のロボットと実験者が次のような状況で相互作用する様子を18ヶ月児に見せた。それらは，(1)ロボットが実験者の会話に応答し，相互作用する，(2)ロボットは(1)と同じような動きを見せるのだが，実験者は動きを見せない，(3)実験者が会話してロボットが応答するのだが，両者の対応がチグハグである（ロボットの応答は(1)と同じ順で，実験者は(1)と逆の順に会話を進める），(4)ロボットは静止したまま，という設定である。この4つの状況を見せたあと，ロボットは音を出したり幼児に視線を送るような仕草を見せたりして幼児たちの注意を引きつけたあと，そばにおいてある対象に視線を移し，幼児たちがその視線を追うかどうか（すなわち，視線追従が可能かどうか）が調べられた。

　すると，(1)の条件ではおおよそ8割の子どもがロボットの視線を追えたのに

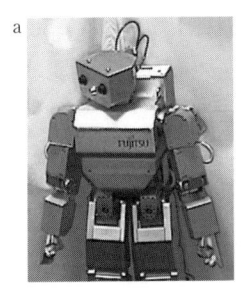

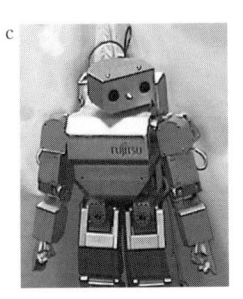

図 8-1　メルツォフの実験で用いられたロボット
（出所）　Meltzoff et al., 2010, p. 968.

対し，(2)や(3)では 5 割程度，そして(4)の条件では 2 割未満の子どもしかロボットの視線を追うことに成功しなかったのである。このように，ロボットが人とコミュニケーション可能な存在であることを示せば，それは視線追従の結果にも影響を与えることになる。さらに，同様の結果は奥村らの実験（Okumura, Kanakogi, Kanda, Ishiguro, & Itakura, 2013, 第 3 章 3 節（2）を参照）でも得られているようだ。また，視線追従は子どもの学習につながる（すなわち，相手の視線の先にある対象に注意を向けることで，その対象について何らかの情報を学習することができる）と考えられており，板倉ら（Itakura et al., 2008）の結果と同様，ロボットがコミュニケーション可能である存在だと認められれば，幼い子どもでもロボットから学習が可能であることを示唆しているとも考えられる。

　これらの実験をふまえると，ロボットに目標や意図を帰属させたり，あるいはロボットの視線を追ったり，さらにロボットから何かを学習するには，彼らが実際に社会的存在，あるいはコミュニケーション可能な存在であることを示していることが重要である，ということになるだろう。有田ら（Arita et al., 2005）やメルツォフら（Meltzoff et al., 2010）の実験ではロボットがはっきりと実験者とコミュニケーションをとっていたし，板倉ら（Itakura et ai., 2008）の研究でもロボビーは実験者に向かって視線を送り，コミュニケーションが行えることを示唆している。しかし，こうしたコミュニケーションが可能である

ことを示しておかないと，メルツォフら（Meltzoff et al., 2010）の実験で行われていたように，幼児に視線を送っただけではロボットの視線を追うことができておらず，ロボットから何かを学習することにはつながっていない。

（3）ロボットからの学習の限界？

ただし，視線追従や学習に関しては，別の実験でもう少し複雑な結果も得られている。オコンネルら（O'Connell, Poulin-Dubois, Demke, & Guay, 2009）は図8-2のようなロボットを使い，18ヶ月児がロボットから新しい語彙を獲得できるかどうかを実験した。この実験でも複数の状況設定があるのだが，ある設定では，幼児が2つの新奇なおもちゃを見せられたあと，そのうちの一つは幼児に渡され，そしてもう一つはロボットの手の間に置かれる。そのあと，ロボットが子どものおもちゃを見ながら「それはxx（たとえば*fep*や*dax*など）だよ！」と幼児に語りかけ，最後にロボットがいなくなってから，幼児は「*dax*はどれ？」と質問される。

まず，この実験の中で，幼児たちはロボットの「それは*dax*だよ！」という発話に注意を向けてから，上手くロボットの視線を追って自身のおもちゃに目を向けることができている。すなわち，メルツォフら（Meltzoff et al., 2010）の実験とは異なり，ロボットと人の相互作用を見なくても，ロボットの視線を追うことができているのである。ただ，この設定で「*dax*はどれ？」という質問に対して正しいおもちゃを選べた子どもはチャンス・レベル（たまたま正解を選べる確率である50％）以下でしかなく，新しい*dax*という語彙を上手く獲得できたとは言えない結果であった。

では，ロボットが人と相互作用をしている様子を見たあとでロボットの命名を見るとどうなるだろうか。オコンネルらはメルツォフらと同じく，この状況でも実験を行っている。しかし，残念ながら結果

図8-2　オコンネルらの実験で用いられたロボット
（出所）O'Connell et al., 2009, p. 418.

は先ほどと同じであった。視線を追うことはできても，*dax* のように新しい語彙を獲得できたとは言えない結果になったのである。

　ロボットからの学習について，とくに3歳未満の幼児では他にも否定的な結果が得られている。まずは，森口ら（Moriguchi, Kanda, Ishiguro, & Itakura, 2010）が3歳児を対象に行ったカードの分類に関する実験である（ただし，この実験の詳細は第5章にも解説があるので，ここではごく簡単に紹介するにとどめておく）。カードを分類する基準は「色と形」のように2種類あり，まずはロボビーや人のモデルがある基準（たとえば色）でカードを分類する様子を見せられる。次に，最初とは異なる基準（たとえば形）でカードを分類するよう求められるのだが，モデルが人の場合だと，ほぼ半数がモデルと同じ基準でカードを分類したのに対し，モデルがロボビーだと，ほぼ全員が求められた基準にしたがってカードを分類することができている。この実験でも子どもはビデオでロボットや他のモデルの分類を見せられただけであり，ロボットがコミュニケーション可能な存在であるかどうかは明確に示されていない。

　さらに，森口ら（Moriguchi, Kanda, Ishiguro, Shimada, & Itakura, 2011；森口・神田・石黒・嶋田・板倉, 2011）はロボビーが新奇な対象にラベリングを行う場面を見せ，子どもがそのラベリング（すなわち新しい語彙）を学習できるかどうかを調べている。この実験では4歳児が人からでもロボビーからでも語彙を学習できることが示されている一方で，3歳児はロボビーから語彙を学習できないという結果がえられている。先ほどと同様，子どもたちはロボットがコミュニケーション可能な存在であることは示されておらず，それが3歳児の学習を妨げた可能性はある。しかし，この実験では人からも語彙を学習できておらず，著者たちが指摘するように，語彙を学習できなかった原因は実験パラダイムが原因であるかもしれない。ただ，少なくとも，4歳児になるとロボットがコミュニケーション可能であることを示さなくとも，ロボットからの学習は可能になっていくことがわかる。

3 おわりに——心を持った無生物としてのロボット?

(1) まとめ

　ここまでの話を再度整理しよう。10ヶ月や12ヶ月といったかなり早い段階でも，人との相互作用を見せ，ロボットがコミュニケーション可能な存在であることを示してからだと，乳児はロボットに目標を帰属させることができる。同じく，板倉ら（Itakura et al., 2008）の結果からすれば，2，3歳の子どもは，ロボットがパートナーに視線を送るだけでも，おそらくロボットをコミュニケーション可能な存在だと見なし，さらにロボットに意図を帰属させ，ロボットの意図した行為を模倣・学習することができている。

　また，オコンネルら（O'Connell et al., 2009）の実験では，視線を向けられただけでも，18ヶ月の乳児がロボットの視線を追うことまではできるかもしれないことが示唆されているが，社会的相互作用を見てからでないとロボットの視線を追えなかったというメルツォフら（Meltzoff et al., 2010）の実験もあり，この点についてはまだはっきりしたことは言えない。

　さらに，森口ら（Moriguchi et al., 2010; Moriguchi et al., 2011; 森口ら，2011）やオコンネルら（O'Connell et al., 2009）の実験からもわかるように，たとえ10ヶ月ほどの早い段階で，ロボットと人の相互作用からロボットに目標が帰属できるとしても，ロボットからあらゆる種類の行為を学習・模倣するわけではない。もちろん，4歳以上（Moriguchi et al., 2011; 森口ら，2011）や就学以降（第7章参照）であれば，ロボットからの学習はかなり容易になっている。しかし，これはロボットに意図を帰属できるようになったからというよりは，成人である自分自身の直観に照らして考えるのであれば，ロボットという存在を生物でもなければ心ももたない，しかしそれでも一定の機能を果たす存在として認識できるようになったから，などもっと別の理由によるものだと考えた方がよいだろう。

　以上のように，ロボビーやその他のロボットは，一定の条件を満たせば目標

や意図を帰属できうる対象であり，なおかつ，視線を追ったり何かを学習したりすべき対象であるとも見なされうるようだ。この点については，ロビー以外でのロボットを用いた諸実験でも類似した結論が得られている（Bernstein & Crowly, 2008; Kahn, Friedman, Perez-Granados, & Freier, 2006; Kahn et al., 2012; Sverson & Carlson, 2010)。

（2）　幼児にとってロボットとは何か？
　では，この事実と第1節で確認した外見からの判断を合わせて考えると，子どもはロボットをどう理解していると考えられるだろうか。まず，彼らはたんなる擬人化を行っているわけではないように見える。というのも，たとえ意図や目標をロボットに帰属させられても，生物学的特徴はそれよりも低い割合でしか帰属させられていないからである（Katayama et al., 2010; Kahn et al., 2006)。より妥当な結論として考えられるのは，就学前の子どもたちにとって，目標や意図のような心理的特徴は必ずしも生物だけに帰属されるものではない，ということだろう。すなわち，彼らからしてみれば，第5章3節（2）などで触れられている幾何学的対象と同様，ロボットは生物学的特徴を持たないにしろ，ある種の心を持った無生物だと見なされているのかもしれない。こうした生物と無生物の間にある存在としてのロボットは，第4章4節でも言及がなされているし，カーンらの実験（Kahn et al., 2012）でもある程度確かめられている。この議論が正しければ，生物であるという判断と心を持っているという判断は比較的独立して行われており，別の心理メカニズムによって可能になっていると考えられるかもしれない。
　しかし，この結論もまだ不確かである。まず，ジプソンとゲルマン（Jipson & Gelman, 2006）の実験のように，人との相互作用を見た後でも，そのロボットに生物学的・心理的特徴を帰属できるとは言いきれない結果も得られており，注意が必要である。また，「生きている」という言葉と同様，「痛みを感じる」とか「熱を感じる」といった質問に対する回答もまた，字面どおりの意味を彼らがロボットに与えていると理解するのは，多少ナイーブな解釈かもしれない

し，年齢に応じて回答に込められた意味は変化しているかもしれない。実際，本章と同様の結論に至っているカーンらの実験（Kahn et al., 2012）では対象が9歳以上の子どもであり，5歳以前の未就学児と同じ意味で心理的特徴をロボットに帰属しているかどうかなどは明らかでない。

　さらに，この結論が5歳以前の人幼児すべてに当てはまるものであるかどうかもまだわからない。これまでの研究ではおおむね日本やアメリカ，カナダの子どもたちが対象になっているものの，当然彼らはある程度ロボットらしいものをテレビや絵本等で見聞きしてきているはずである。また，親からも，ロボットなどの無生物に心理的性質を付与するような言動を多々耳にしている可能性は高いだろう。そして，これらの経験があったからこそ，上記の条件下でロボットがコミュニケーション可能だと見なせたのかもしれない。たとえば，ロボットのような多少生物らしく見える対象と関わる機会がほとんどないままに育った子どもであれば，人と相互作用するロボットを見ても，生物学的特徴どころか意図を帰属させることさえしない，というような状況も考えられなくはない。実際，オコンネルら（O'Connell et al., 2009）とメルツォフら（Meltzoff et al., 2010）の実験ではカナダの子どもとアメリカの子どもを対象にしており，結果の差異は何らかの文化的差異を反映している可能性もあるだろう。また，もしすべての文化でロボットなどの無生物が生物学的特徴を帰属させられず，それでも人との相互作用などから意図や目標が帰属されるようであれば，先述したように，生物であるという判断と心を持っているという判断を支える別々の心理メカニズムが存在し，なおかつそのメカニズムが進化的に古い起源を持つことが示唆されるだろう。

　ここまでロボビーと幼児の関わりを中心にした研究を概観し，幼児たちにとってロボビーもしくはロボットがどのように理解されているのかを考察してきた。可能な一つの結論は，3歳以前の幼児からすると，ロボットはある種の心を持った無生物という理解がなされている，というものである。もしこれが正しければ，生物・無生物という判断と心を持っているという判断は別々の心理メカニズムに支えられている可能性も考えられる。ただし，この結論も今後さ

まざまな角度から検証されていく必要があるだろう。

〈文　献〉

Arita, A., Hiraki, K., Kanda, T., & Ishiguro, H. (2005). Can we talk to robots? Ten-month-old infants expected interactive humanoid robots to be talked to by persons. *Cognition,* 95, B49-B57.

Atran, S., & Medin, D. (2008). *The native mind and the cultural construction of nature.* Cambridge, MA: The MIT Press.

Bedau, M. A. (1996). The nature of life. In M. Boden (Ed.), *The philosophy of artificial life.* Oxford: Oxford University Press. pp. 332-360.

Bernstein, D., & Crowley, K. (2008). Searching for signs of intelligent life: An investigation of young children's beliefs about robot intelligence. *The Journal of the Learning Sciences,* 17, 225-247.

Biro, S., & Leslie, A. M. (2007). Infants' perception of goal-directed actions: Development through cue-based bootstrapping. *Developmental Science,* 10, 379-398.

Carey, S. (1985). *Conceptual change in childhood.* Cambridge, MA: The MIT Press.

Carey, S. (2009). *The origin of concepts.* New York: Oxford University Press.

Carpenter, M., Akhtar, N., & Tomasello, M. (1998). Fourteen- through 18-month-old infants differentially imitate intentional and accidental actions. *Infant Behavior and Development,* 21(2), 315-330.

Gelman, S. A., & Gottfried, G. M. (1996). Children's causal explanations for animate and inanimate motion. *Child Development,* 67, 1970-1987.

Hamlin, J. K., Wynn, K., & Bloom, P. (2007). Social evaluation by preverbal infants. *Nature,* 450, 557-559.

Hatano, G., & Inagaki, Y. (2002). *Young children's thinking about biological world.* New York: Psychology Press.

石黒浩（2009）．ロボットとは何か――人の心を映す鏡　講談社現代新書

Itakura, S., Ishida, H., Kanda, T., Shimada, Y., Ishiguro, H., & Lee, K. (2008). How to build an intentional android: Infants' imitation of robot's goal-directed actions. *Infancy*, 13(5), 519-532.

Jipson, J. L., & Gelman, S. A. (2007). Robots and rodents: Children's inferences about living and nonliving kinds. *Child Development*, 78(6), 1675-1688.

Kahn, P. H. Jr., Friedman, B., Perez-Granados, D. N., & Freier, N. G. (2006). Robotic pets in the lives of preschool children. *Interaction Studies*, 7, 405-436.

Kahn, P. H. Jr., Kanda, T., Ishiguro, H., Freier, N. G., Severson, R. L., Gill, B. T., Ruckert, J. H., & Shen, S. (2012). Robovie, you'll have to go into the closet now: Children's social and moral relationships with a humanoid robot. *Developmental Psychology*, 48(2), 303-314.

Katayama, N., Katayama, J., Kitazaki, M., & Itakura, S. (2010). Young children's folk knowledge of robots. *Asian Culture and History*, 2(2), 111-116.

木賀大介・山村雅幸（2005）．構成的生物学――つくることで理解する生物学　人工知能学会誌，20(6), 715-721.

Luo, Y. (2011). Three-month-old infants attribute goals to a non-human agent. *Developmental Science*, 14(2), 453-460.

Machery, E. (2012). Why I stopped worrying about the definition of life ... and why you should as well. *Synthese*, 185, 145-164.

Meltzoff, A. N. (1995). Understanding the intentions of others: Re-enactment of intended acts by 18-month-old children. *Developmental Psychology*, 31(5), 838-850.

Meltzoff, A. N., Brooks, R., Shon, A. P., & Rao, R. P. N. (2010). "Social" robots are psychological agents for infants: A test of gaze following. *Neural Networks*, 23, 966-972.

Moriguchi, Y., Kanda, T., Ishiguro, H., & Itakura, S. (2010). Children perseverate to a human's actions but not to a robot's actions. *Developmental Science*, 13(1), 62-68.

Moriguchi, Y., Kanda, T., Ishiguro, H., Shimada, Y., & Itakura, S. (2011). Can young children learn words from a robot? *Interaction Studies*, 12, 107-119.

森口佑介・神田崇之・石黒浩・嶋田陽子・板倉昭二（2011）．幼児はヒト以外のエージェントから言葉を学習することができるか――年少児を対象とした実験的検討　*Human Developmental Research*, 25, 159-166.

O'Connell, L., Poulin-Dubois, D., Demke, T., & Guay, A. (2009). Can infants use a nonhuman agent's gaze direction to establish word-object relations? *Infancy*, **14**, 414-438.

Okumura, Y., Kanakogi, Y., Kanda, T., Ishiguro, H., & Itakura, S. (2013). The power of human gaze on infant learning. *Cognition*, **128**, 127-133.

Piaget, J. (1929). *The child's conception of the world*. London: Routledge and Kegan Paul.

Severson, R. L., & Carlson, S. M. (2010). Behaving as or behaving as if? Children's conceptions of personified robots and the emergence of a new ontological category. *Neural Networks*, **23**, 1099-1103.

Shimizu, Y. A., & Johnson, S. C. (2004). Infants' attribution of a goal to a morphologically unfamiliar agent. *Developmental Science*, **7**(4), 425-430.

Subrahmanyam, K., Gelman, R., & Lafosse, A. (2002). Animate and other separably moveable things. In E. Forde & G. Humphreys (Eds.), *Category-specificity in brain and mind*. London: Psychology Press. pp. 341-371.

内井惣七 (1995). 科学哲学入門——科学の方法・科学の目的 世界思想社

あとがき

　本書は，2005年から6年間に渡って，日産科学振興財団より，『人と機械の自然な共生を目指す認知科学研究：発達認知脳科学に基づくコミュニケーション発達支援のために』という計画研究に受けた助成の成果をまとめたものです。日産自動車株式会社のカルロス・ゴーン社長をはじめ，日産科学振興財団（現・日産財団）の阿部榮一常務理事，高橋忠生理事長，志賀俊之理事長，久村春芳常務理事，小松宏事務局長，沖玲子さん，華野みどりさん，佐藤真喜さん，日産自動車株式会社総合研究所巖桂二郎主幹には，心より感謝申し上げます（肩書きはお世話になった当時のものです）。研究費の助成だけでなく，年2回の報告会や評価会の準備・設定など，すべてに渡って，懇切丁寧なご対応をいただきました。また，私にとってそのような機会は，最初は緊張の場でしかなかったのですが，回数を重ねるうちに楽しみに変わりました。会議終了後に，財団の方々や評価委員の先生方と酌み交わすお酒が何とも美味しく心地よくなったのです。日産科学振興財団の皆様，本当にありがとうございました。また機会がありましたら，ぜひご一緒いたしましょう。

　この会議には，個人的にもう一つ大きな楽しみがありました。それは，私の憧れの研究者であるカリフォルニア工科大学の下條信輔先生が評価委員を務めておられ，やはり年に2回お会いできたことです。大学院生のときに下條先生に出会い，日本学術振興会の特別研究員として滞在していたアメリカから帰国して，すぐに先生に共同研究員としてお世話になりました。研究への態度，発想の方法など，すべてが私の憧れです。「ディベロップメンタル・サイバネティクスですかあ。板倉さん，金脈を掘り当てたねえ」という言葉にどんなにか励まされました。私の宝物です。今でも，下條先生からは多くのことを学び続けています。

　もう一人，大事な人がいます。私の相棒（本プロジェクトの研究代表者であり本書の共編著者）である，北崎充晃先生です。このプロジェクトが始まる前

に，私は，北崎先生から1本の電話をいただきました．本プロジェクトへの参加依頼の電話でした．おかげさまで，6年間，潤沢な研究費で，のびのびと研究をさせていただきました．共編著者にあとがきで謝辞を記すのも変な話ですが，北崎先生，本当にありがとうございました．北崎先生とは，なんというか，馬が合うというか，それ以降もずっと共同研究を続けさせていただいていますし，これからもずっとご一緒させていただけたらと思っています．北崎先生のクールさの背後にちらちら見える優しさと男気に，私自身いつも救われています．

本プロジェクトの成果を，最終報告書から拾ってみますと，まずまずの成果を上げたのではないかと思います．関連する成果は，原著論文44本，国際会議発表50件，招待講演16件，総説・解説・書籍21件です．海外での招待講演で，このプロジェクトの話をすると，大変強い関心を持ってもらえたことが強く印象に残っています．

本書の執筆陣は，北崎先生および板倉の研究室に関係の深い方々です．私の研究室で学位を取得した人，研究員として所属した人，共同研究者の方，みなさん，ともに頑張った者同士です．みなさんには，早々に原稿をいただいていたのに，こんなに遅くなってしまいました．どうかご容赦ください．

本書には，ロボットをツールとした発達研究という新しい試みを次世代に伝えようという企図もあります．いずれ，近い将来，ロボットをはじめとする，人以外のエージェントが私たちの環境を取り巻く時代がやって来るでしょう．そして，好むと好まざるとに関わらず，そうしたエージェントと関わらざるを得ない子どもたちの未来のために，少しでも貢献できればそれは私ども執筆者にとって望外の喜びです．

2013年8月11日　編著者を代表して

板倉昭二

索　引

あ　行
アイトラッカー　28
アンドロイド　128, 129
意図理解　90
エージェント　2, 70, 137, 157
fMRI　42
MEG　42

か　行
概念　178
回避行動　68
顔知覚　13
顔倒立効果　43
仮現運動　51
過剰模倣　132
可能動作　23
かわいい　39
環境との相互作用　5
感情　63, 83
　　──理解　102
幾何学的メカニズム　74
擬人化　187
共同注意　73, 74, 83
空間表象的メカニズム　75
幻肢痛　54
語彙獲得　130
肯定バイアス　152
Go/No Go 課題　121
心　63
　　──の柔軟性　119
　　──の理論　3, 78, 83, 89, 99
固執的な行動傾向　121
誤信念　78
　　──課題　73, 78, 99
子どもらしさ　39
コミュニケーションの理論　3

さ　行
サッチャー錯視　43
サリーとアン課題　78, 99
三項関係　74, 83
視覚情報　58
視覚的断崖　80
自己意識　56
自己受容感覚　54
自己推進性　64
視線　15, 28, 73
　　──追従　182
実行機能　120
視点依存性　46
視点取得　94
自閉症児　15
社会的感染　7, 119, 122, 123
社会的参照　80, 89, 93
社会的随伴性　137
社会的な因果性　65
社会的な価値の判断　69
社会認知　83
馴化法　16
触覚情報　58
新生児模倣　90
身体運動知覚　13
身体の成長　37
身体の理論　3
信念　63, 83, 96, 102
心理的特徴　179, 187
心霊写真　42
スティルフェイス効果　139
スティルフェイス・パラダイム　139
スマーティー課題　99
生態学的メカニズム　74
生体力学　21
　　──的制約　55
生物学的特徴　179
生物と無生物の境界　177

接近行動　68
選好注視法　14
素朴生物学　178

た　行
ダークエイジ　6, 89
turn taking　4
体外離脱体験　56
ダイレクトマッチング仮説　71
他者信念　77
ダブルビデオ・ライブ／リプレイ・パラダイム　141
知覚　83
知識　63, 83
定型発達　15
Day/Night 課題　121
ディベロップメンタル・サイバネティクス　1
Dimensional Change Card Sort 課題（DCCS 課題）　122
テレイグジスタンス　58
倒立効果　15
トップダウン　163

な　行
内的表象　132
認知的柔軟性　120
認知発達ロボティクス　5
脳波　19

は　行
バーチャルリアリティ　57

バイオロジカルモーション　6, 13, 16
バルブ課題　121
ヒューマノイドロボット　2, 75
表情　15, 79
　――理解　89
フィールド実験　163
不可能動作　23
物体認識　45
物理的随伴性　149
ベビースキーマ　39
ボトムアップ　163

ま　行
マキシ課題　78, 99
見かけ上の学習　169
3つの山課題　95
ミラーニューロン　56
ミラーボックス　54
無線タグ　166
メンタライジング　6, 63, 89
目標帰属　70
目標志向性　64
目標志向的行為　69

や・ら　行
ユビキタス　1
欲求　96, 102
ラバーハンド錯覚　53
ロボット　103

《執筆者紹介》（執筆順）

板倉昭二（いたくら　しょうじ）編者，序章，あとがき
　　京都大学大学院文学研究科　教授

片山伸子（かたやま　のぶこ）第1章，第3章，第4章
　　東京福祉大学社会福祉学部　講師

北崎充晃（きたざき　みちてる）編者，第1章，第2章
　　豊橋技術科学大学情報・知能工学系　准教授

守田知代（もりた　ともよ）第3章，第4章
　　大阪大学大学院工学研究科　特任講師

森口佑介（もりぐち　ゆうすけ）第5章
　　上越教育大学大学院学校教育研究科　准教授

大神田麻子（おおかんだ　まこ）第6章
　　神戸大学大学院人間発達環境学科　部局研究員

神田崇行（かんだ　たかゆき）第7章
　　株式会社国際電気通信基礎技術研究所知能ロボティクス研究所　上級研究員

中尾　央（なかお　ひさし）第8章
　　総合研究大学院大学先導科学研究科　助教

《編著者紹介》

板倉昭二（いたくら・しょうじ）
　　京都大学大学院理学研究科博士課程修了　京都大学理学博士
　現　在　京都大学大学院文学研究科　教授
　主　著　『Origins of the social mind : Evolutionary and developmental view』（共編著）
　　　　　Springer, 2008年
　　　　　『心を発見する心の発達』京都大学学術出版会, 2007年
　　　　　『「私」はいつ生まれるか』ちくま新書, 2006年

北崎充晃（きたざき・みちてる）
　　東京大学大学院総合文化研究科博士課程修了　博士（学術）
　現　在　豊橋技術科学大学大学院工学研究科　准教授
　主　著　『認知心理学——知のアーキテクチャを探る』（共著）有斐閣, 2003年
　　　　　『だまされる脳——バーチャルリアリティと知覚心理学入門』（分担執筆）講談社
　　　　　ブルーバックス, 2006年

	ロボットを通して探る子どもの心
	——ディベロップメンタル・サイバネティクスの挑戦——

2013年9月30日　初版第1刷発行　　　　　　　　　　〈検印省略〉

定価はカバーに
表示しています

編 著 者	板　倉　昭　二
	北　崎　充　晃
発 行 者	杉　田　啓　三
印 刷 者	江　戸　宏　介
発行所	株式会社　ミネルヴァ書房

607-8494　京都市山科区日ノ岡堤谷町1
電話代表　(075)581-5191
振替口座　01020-0-8076

© 板倉・北崎ほか, 2013　　　　　共同印刷工業・兼文堂

ISBN978-4-623-06744-2
Printed in Japan

乳児の発達
J. G. ブレムナー 著　渡部雅之 訳
A5判　400頁
本体 4500円

発達心理学の基本を学ぶ
――人間発達の生物学的・文化的基盤
ジョージ・バターワース／マーガレット・ハリス 著
村井潤一 監訳　小山　正／神土陽子／松下　淑 訳
A5判　360頁
本体 3800円

知能の誕生
J. ピアジェ 著　谷村　覚・浜田寿美男 訳
A5判　560頁
本体 6000円

身体・自我・社会
――子どものうけとる世界と子どもの働きかける世界
H. ワロン 著　浜田寿美男 訳編
B6判　276頁
本体 2500円

やわらかアカデミズム・〈わかる〉シリーズ

よくわかる認知科学
乾　敏郎・吉川左紀子・川口　潤 編
B5判　196頁
本体 2500円

よくわかる認知発達とその支援
子安増生 編
B5判　216頁
本体 2400円

よくわかる発達心理学 第2版
無藤　隆・岡本祐子・大坪治彦 編
B5判　216頁
本体 2500円

よくわかる乳幼児心理学
内田伸子 編
B5判　216頁
本体 2400円

いちばんはじめに読む心理学の本

発達心理学
――周りの世界とかかわりながら人はいかに育つか
藤村宣之 編著
A5判　264頁
本体 2500円

認知心理学――心のメカニズムを解き明かす
仲　真紀子 編著
A5判　264頁
本体 2500円

知覚心理学――心の入り口を科学する
北岡明佳 編著
A5判　312頁
本体 2800円

―― ミネルヴァ書房 ――
http://www.minervashobo.co.jp/